Billar 3 Bandas: Patrones de zig-zag

Desde torneos profesionales de campeonato

Ponte a prueba contra jugadores profesionales

Allan P. Sand
PBIA Instructor Certificado de Billar

ISBN 978-1-62505-347-3
PRINT 7x10

ISBN 978-1-62505-511-8
PRINT 8.5x11

First edition

Copyright © 2019 Allan P. Sand

All rights reserved under International and Pan-American Copyright Conventions.

Published by Billiard Gods Productions.
Santa Clara, CA 95051
U.S.A.

For the latest information about books and videos, go to: http://www.billiardgods.com

Acknowledgements

Wei Chao created the software that was used to create these graphics.

Tabla de contenido

Introducción 1
Acerca de los diseños de tablas 1
Instrucciones de configuración de la mesa 2
Propósito de los diseños 2
A: Mesa media zig-zag 3
A: Grupo 1 3
A: Grupo 2 8
A: Grupo 3 13
B: Miniatura de bando a bando 18
B: Grupo 1 18
B: Grupo 2 23
B: Grupo 3 28
B: Grupo 4 33
B: Grupo 5 38
C: Media mesa zig zag 43
C: Grupo 1 43
C: Grupo 2 48
C: Grupo 3 53
C: Grupo 4 58
D: 3/4 mesa en zig-zag 63
D: Grupo 1 63
D: Grupo 2 68
D: Grupo 3 73
E: Mesa completa en zig-zag 78
E: Grupo 1 78
E: Grupo 2 83
F: Mesa larga zig-zag 88
F: Grupo 1 88
F: Grupo 2 93
F: Grupo 3 98
F: Grupo 4 103
F: Grupo 5 108

Other books by the author ...

    3 Cushion Billiards Championship Shots (a series)

    Carom Billiards: Some Riddles & Puzzles

    Carom Billiards: MORE Riddles & Puzzles

    Why Pool Hustlers Win

    Table Map Library

    Safety Toolbox

    Cue Ball Control Cheat Sheets

    Advanced Cue Ball Control Self-Testing Program

    Drills & Exercises for Pool & Pocket Billiards

    The Art of War versus The Art of Pool

    The Psychology of Losing – Tricks, Traps & Sharks

    The Art of Team Coaching

    The Art of Personal Competition

    The Art of Politics & Campaigning

    The Art of Marketing & Promotion

    Kitchen God's Guide for Single Guys

Introducción

Este es uno de una serie de libros de Carom Billiards que muestran cómo los jugadores profesionales toman decisiones, según el diseño de la mesa. Todos estos diseños son de competiciones internacionales.

Estos diseños te colocan dentro de la cabeza del jugador, comenzando con las posiciones de las bolas (que se muestran en la primera tabla). El segundo diseño de la mesa muestra lo que el jugador decidió hacer.

Acerca de los diseños de tablas

Estas son las tres bolas sobre la mesa:

Ⓐ (CB) (tu bola de billar)

⊙ (OB) (bola de billar oponente)

● (OB) (bola de billar roja)

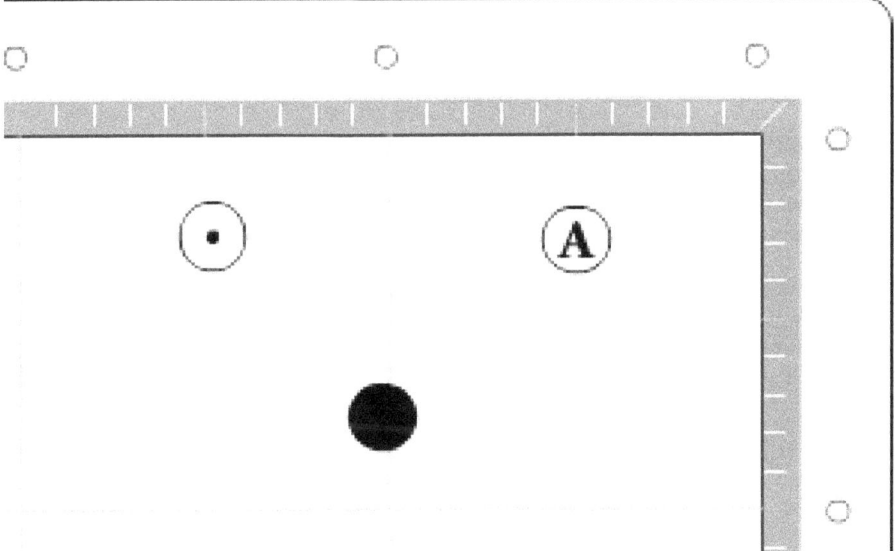

Cada configuración tiene dos diseños de tabla. La primera tabla es la posición de las bolas. La segunda tabla es cómo se mueven las bolas sobre la mesa.

Instrucciones de configuración de la mesa

Use anillos de papel para marcar las posiciones de las bolas (compre en cualquier tienda de suministros de oficina).

Coloque una moneda en cada bando de la mesa que tocará (CB).

Compare su ruta (CB) con la configuración de la segunda tabla. Para aprender, es posible que necesite varios intentos. Después de cada falla, realice el ajuste y vuelva a intentarlo hasta que tenga éxito.

Propósito de los diseños

Estos diseños se proporcionan para dos propósitos.

- Su análisis: en casa, puede considerar cómo jugar la configuración en la primera tabla. Compara tus ideas con el patrón real en la segunda tabla. Piense en su solución y considere las opciones. Desde la segunda tabla, también puedes analizar cómo seguir el patrón. Mentalmente juega el tiro y decide cómo puedes tener éxito.

- Practique la configuración de la mesa: coloque las bolas en posición, de acuerdo con la primera configuración de la mesa. Intenta disparar de la misma manera que el segundo patrón de mesa. Es posible que necesites muchos intentos antes de encontrar la forma correcta de jugar. Así es como puedes aprender y jugar estas tomas durante competiciones y torneos.

La combinación de análisis mental y práctica práctica te hará un jugador más inteligente.

A: Mesa media zig-zag

El (CB) sale del primer (OB) y va y viene de bando a bando. Esto está en el área media de la tabla.

Ⓐ (CB) (su bola de billar) - ⊙ (OB) (bola de billar oponente) - ● (OB) (bola de billar roja)

A: Grupo 1

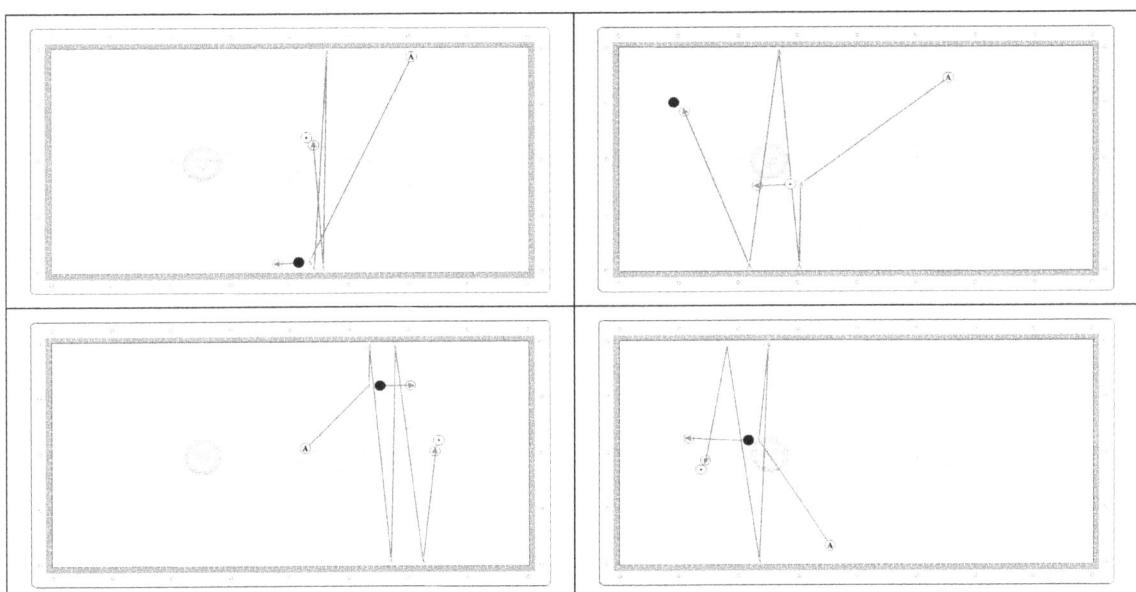

Análisis:

A:1a. _____

A:1b. _____

A:1c. _____

A:1d. _____

A:1a – Preparar

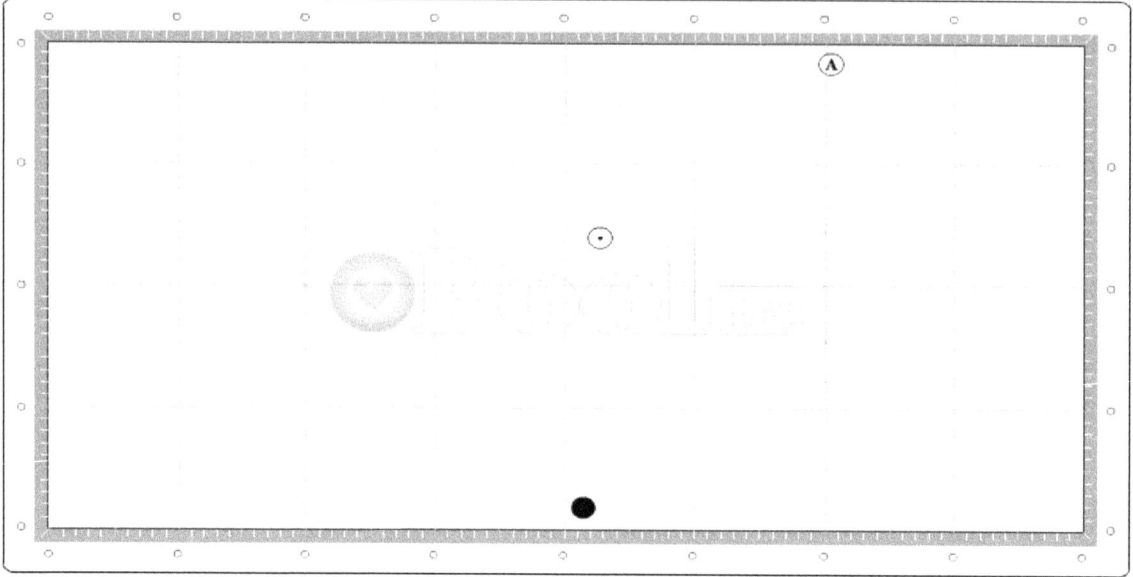

Notas e ideas:

Patrón de disparo

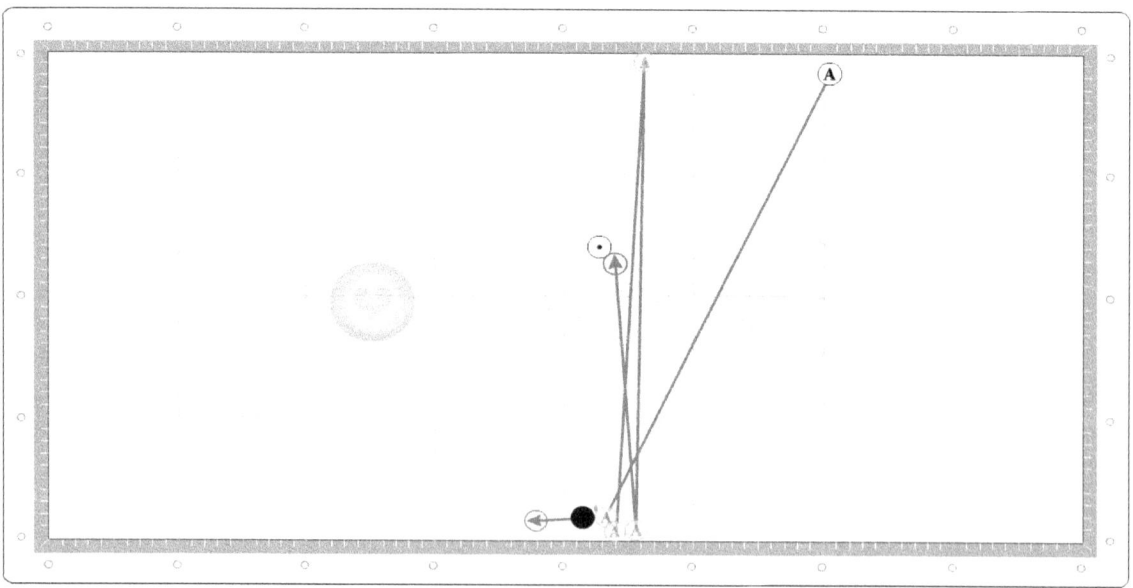

A:1b – Preparar

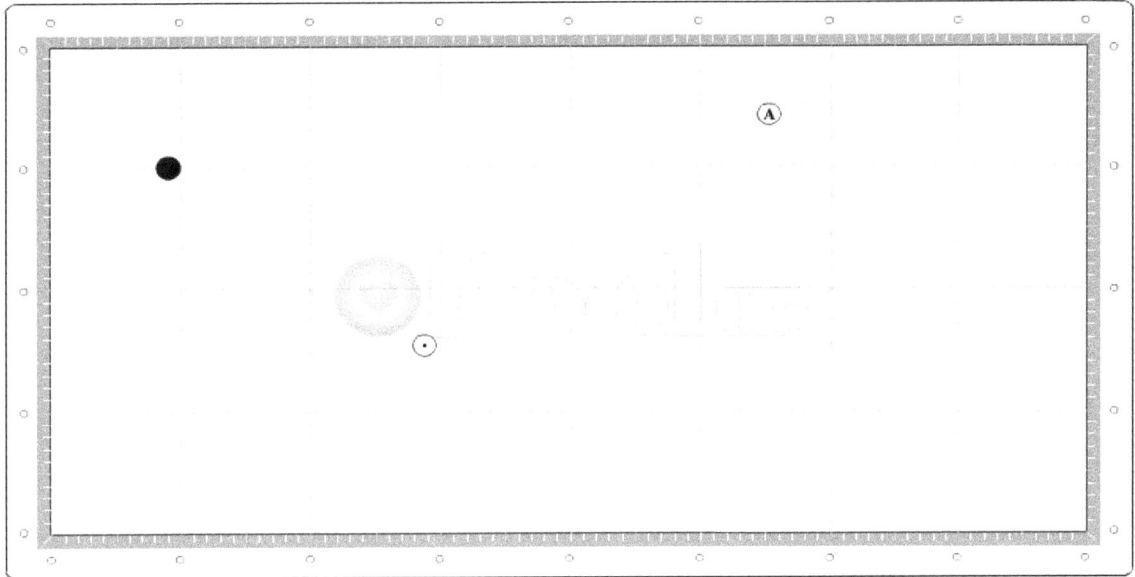

Notas e ideas:

Patrón de disparo

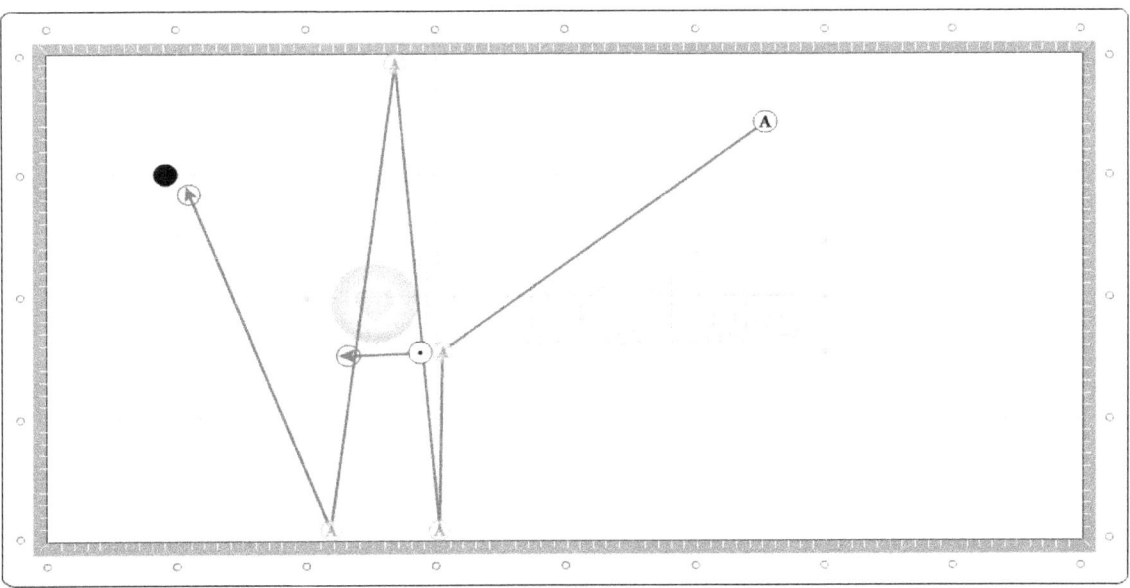

A:1c – Preparar

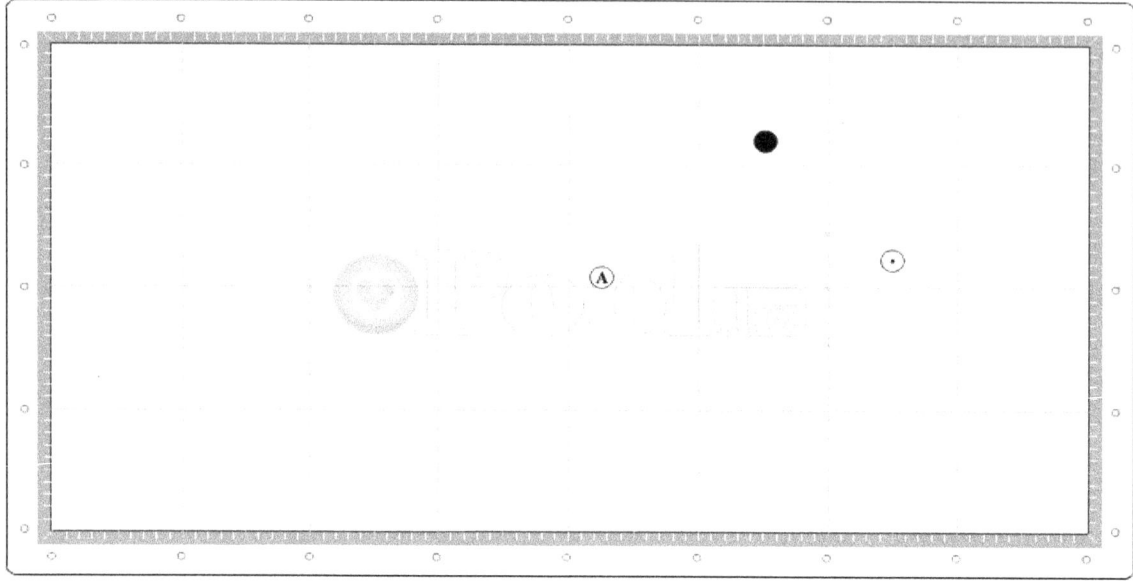

Notas e ideas:

Patrón de disparo

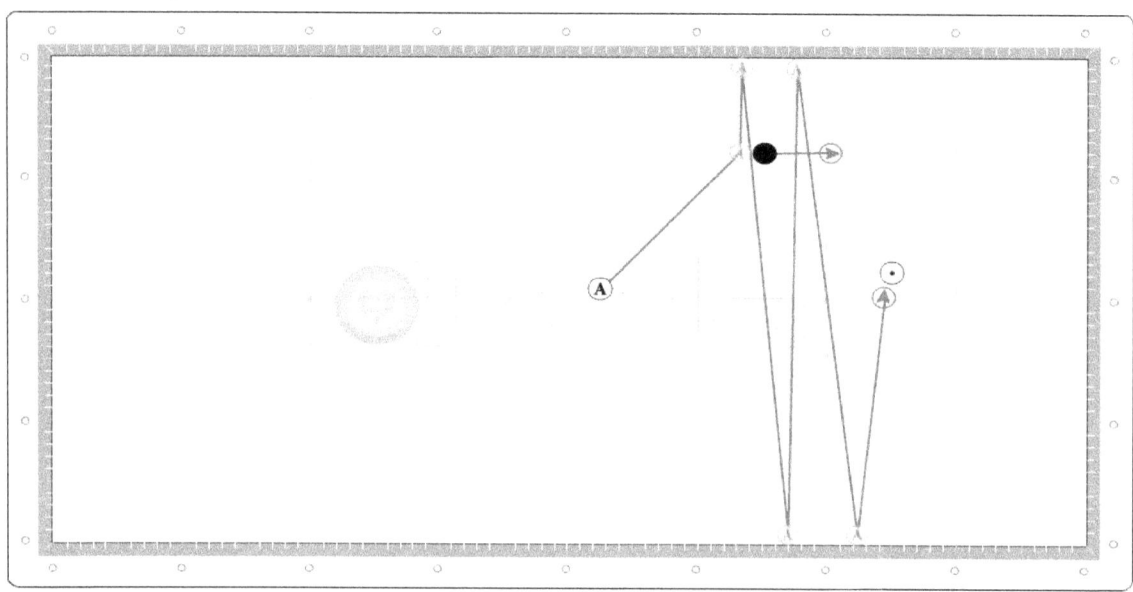

A:1d – Preparar

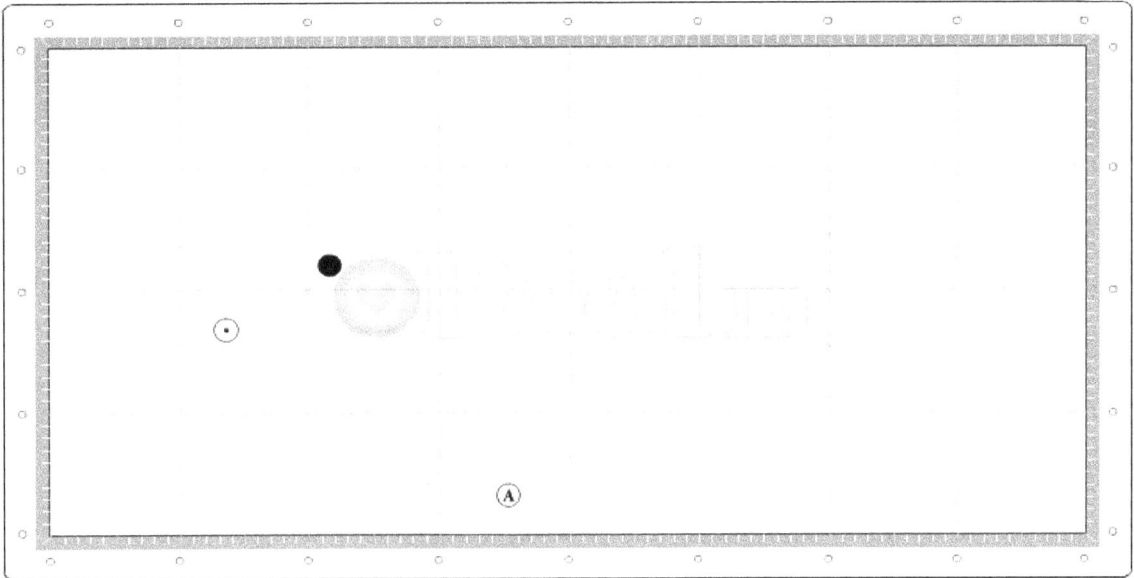

Notas e ideas:

Patrón de disparo

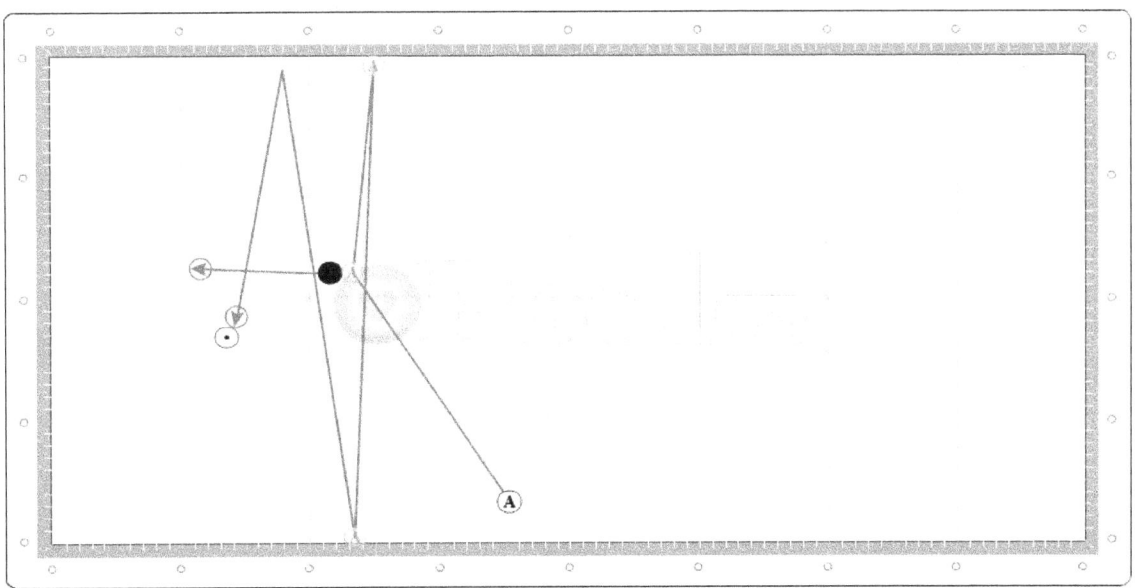

A: Grupo 2

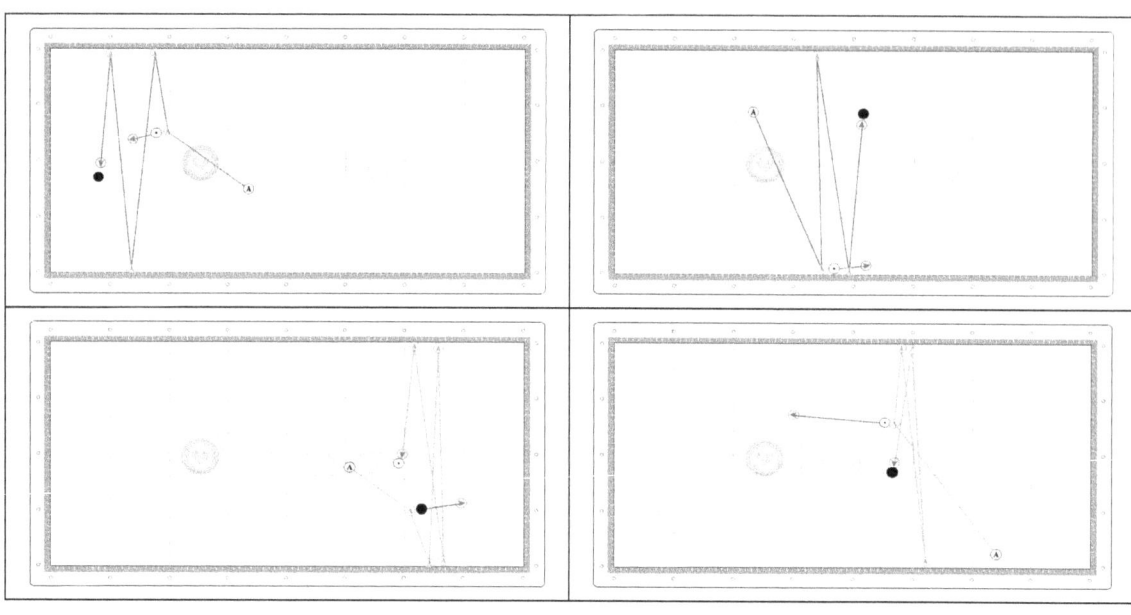

Análisis:

A:2a. _____

A:2b. _____

A:2c. _____

A:2d. _____

A:2a – Preparar

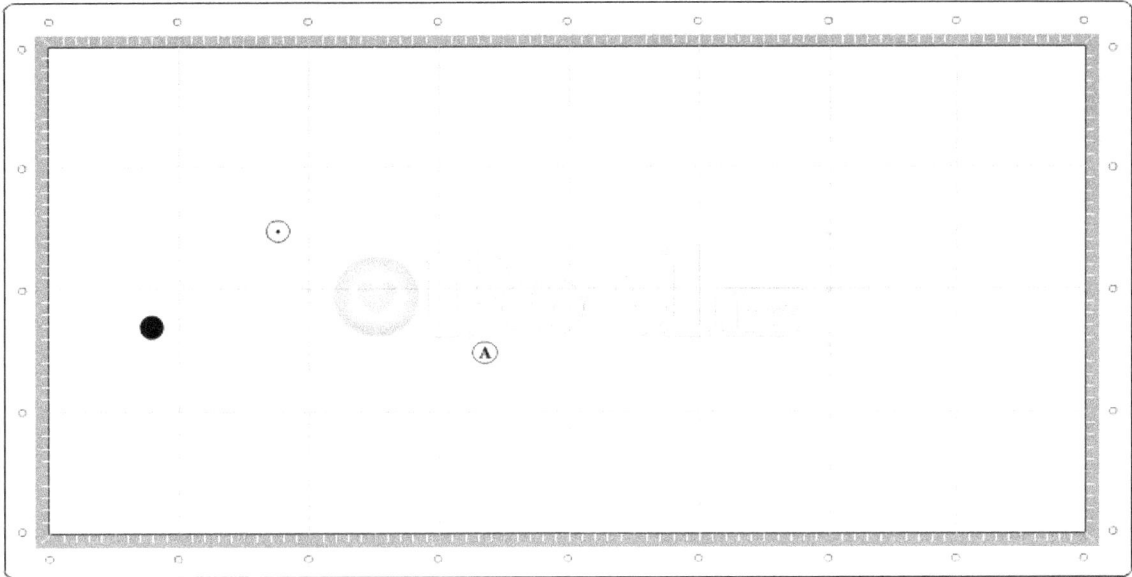

Notas e ideas:

Patrón de disparo

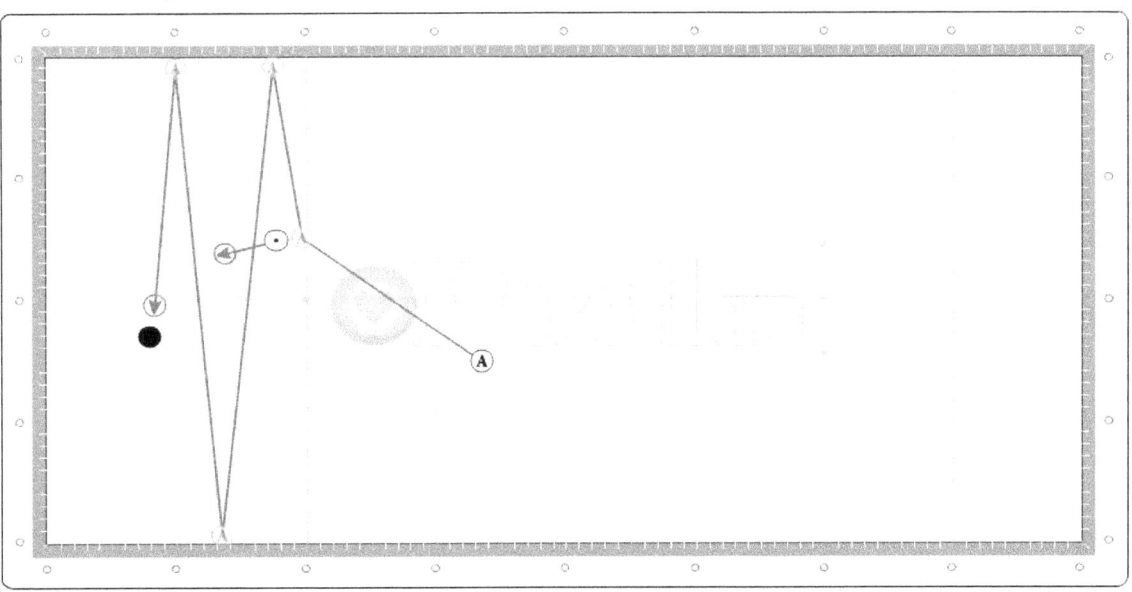

A:2b – Preparar

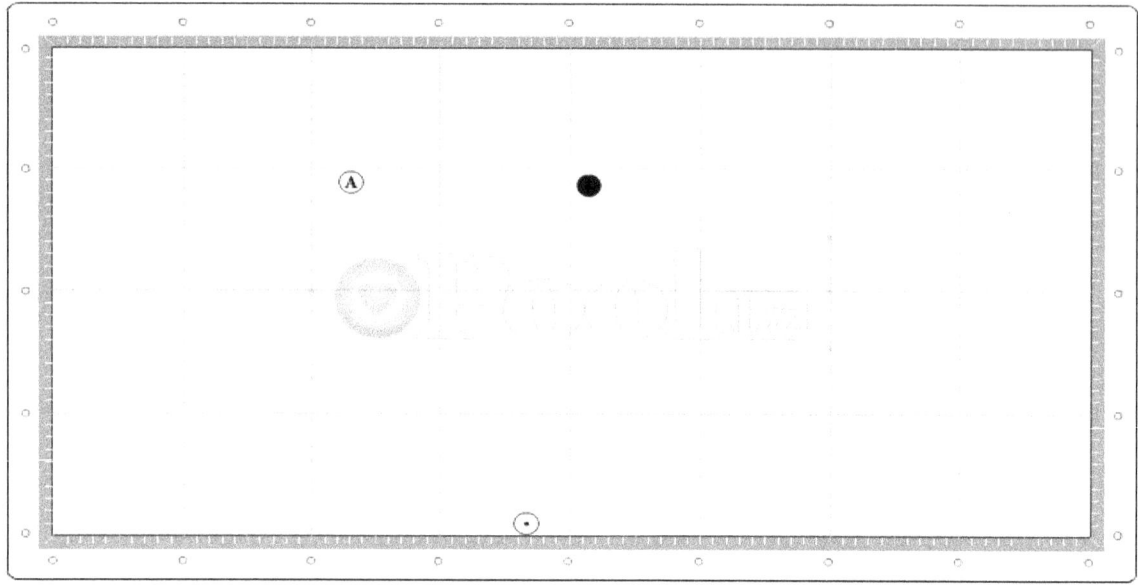

Notas e ideas:

Patrón de disparo

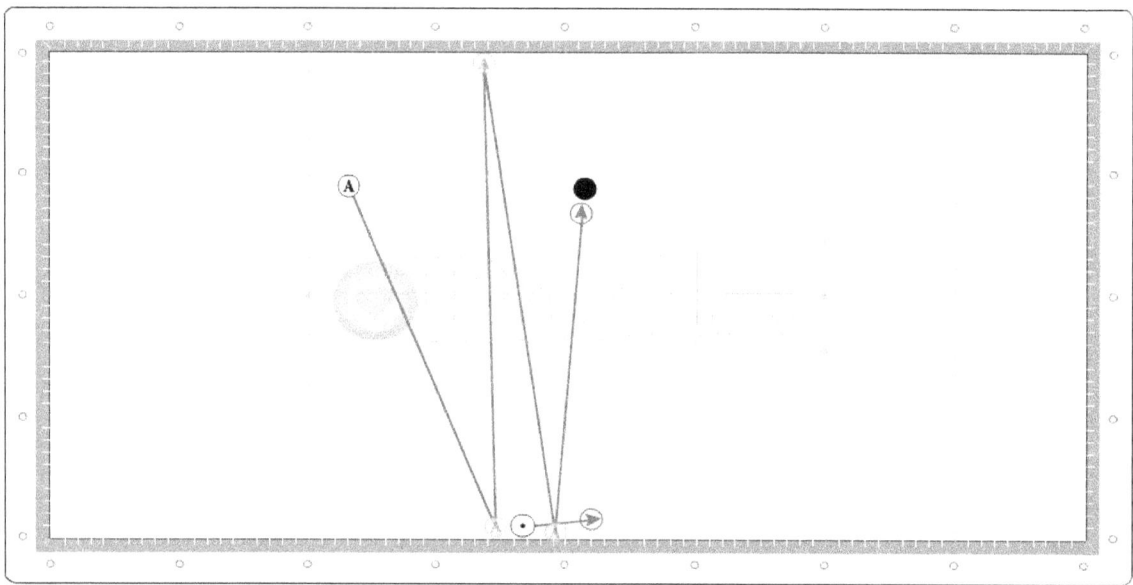

A:2c – Preparar

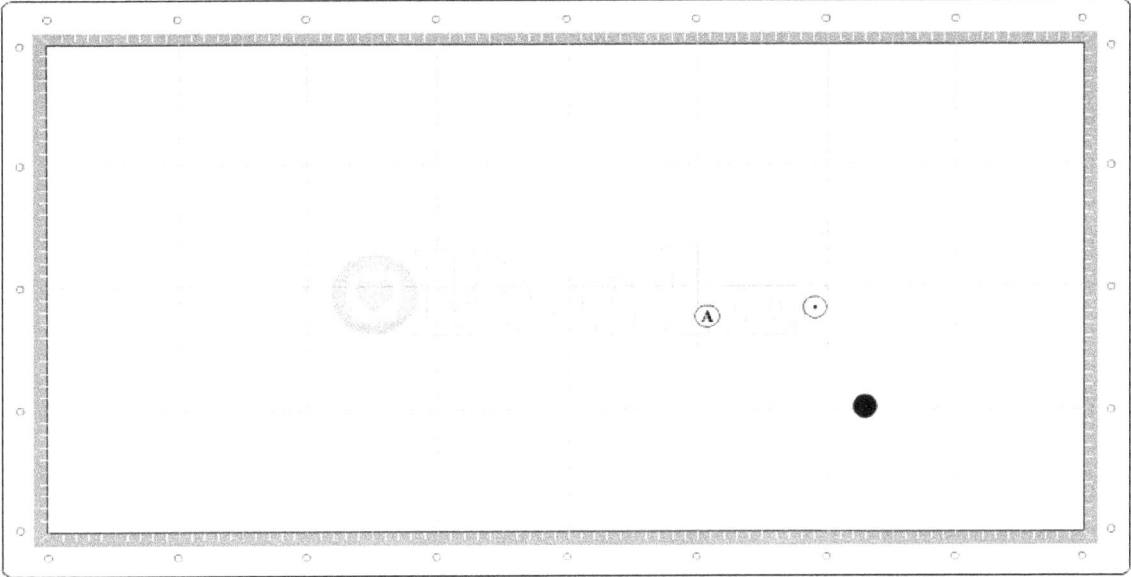

Notas e ideas:

Patrón de disparo

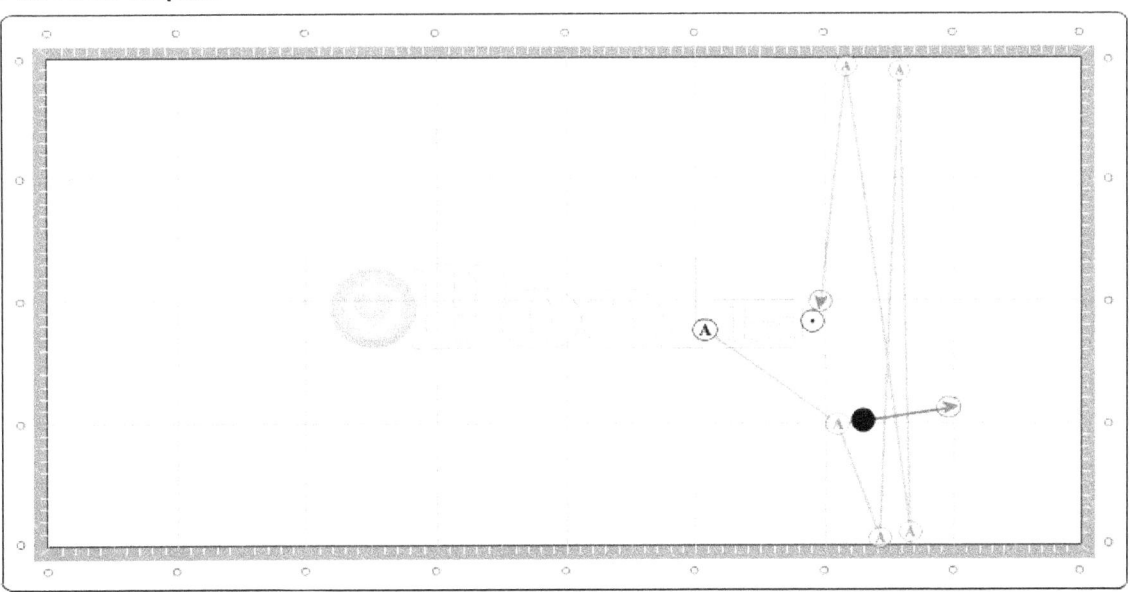

A:2d – Preparar

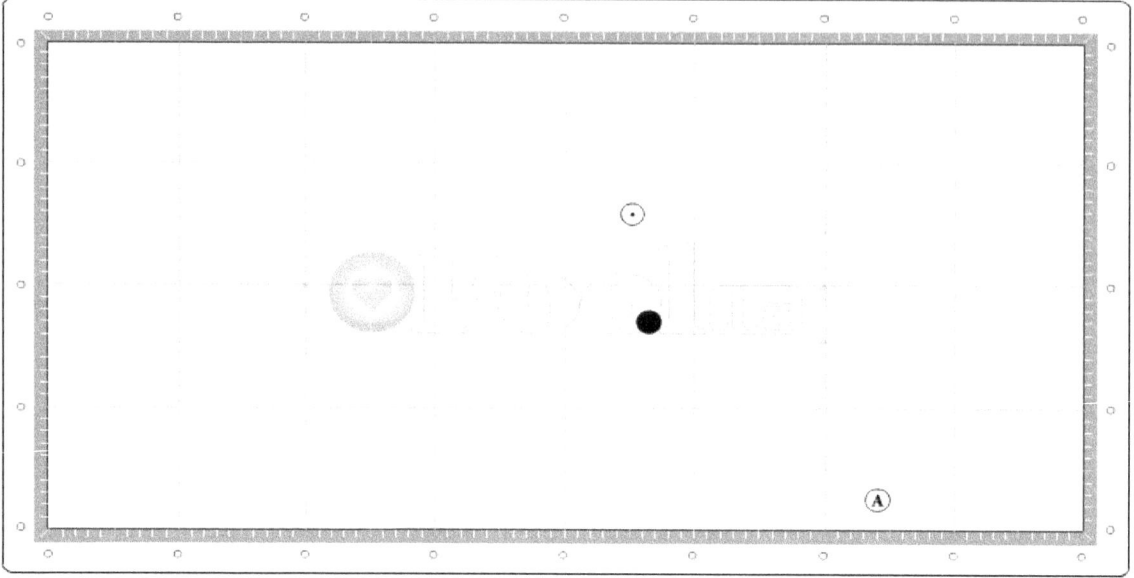

Notas e ideas:

Patrón de disparo

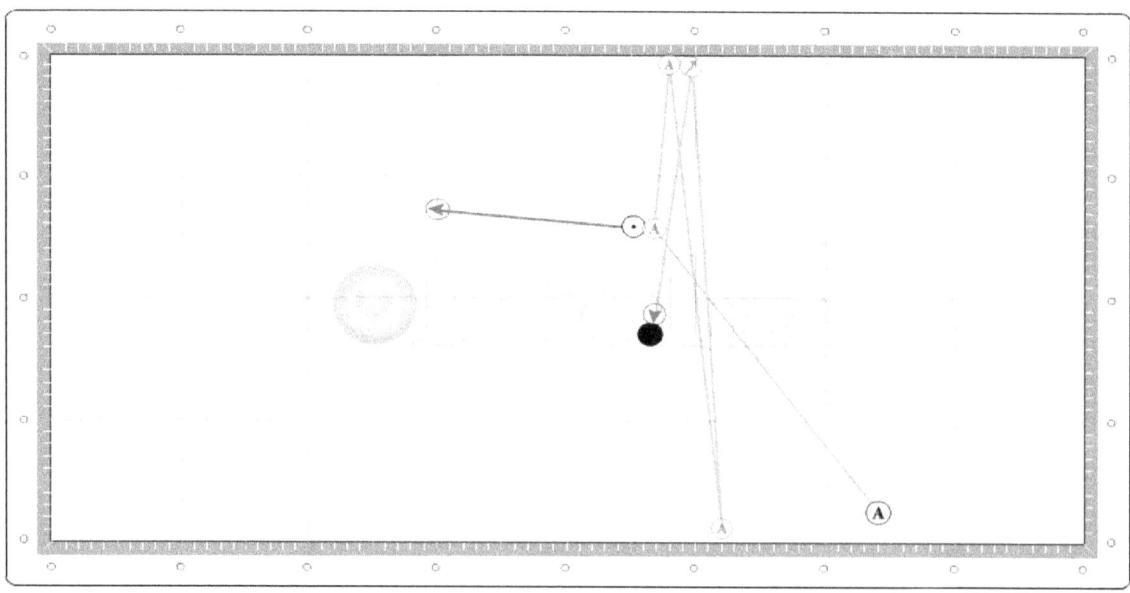

A: Grupo 3

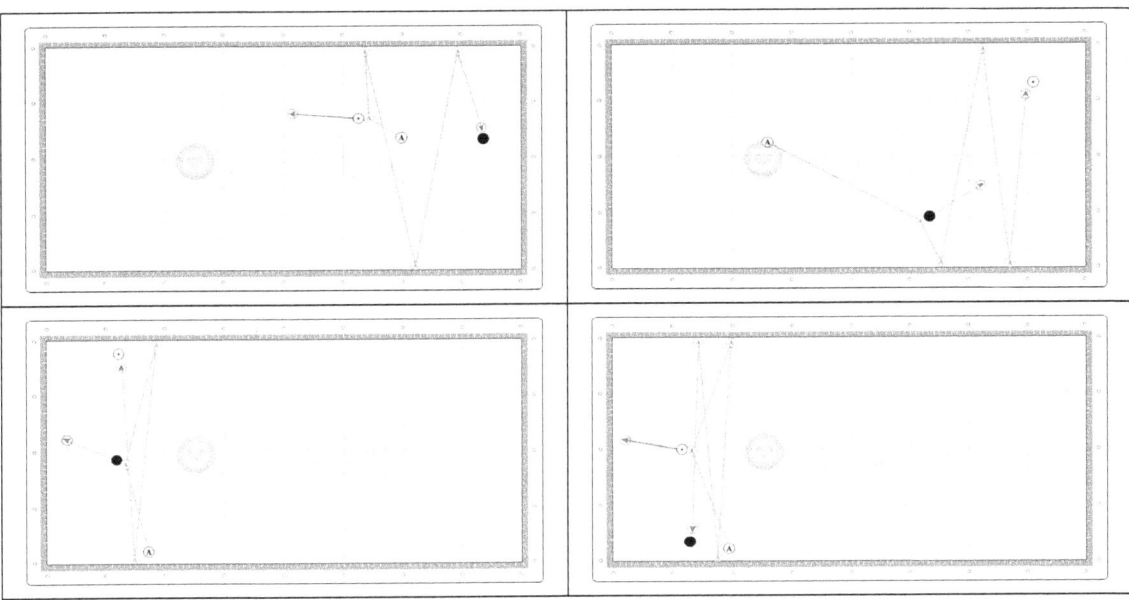

Análisis:

A:3a. _____

A:3b. _____

A:3c. _____

A:3d. _____

A:3a – Preparar

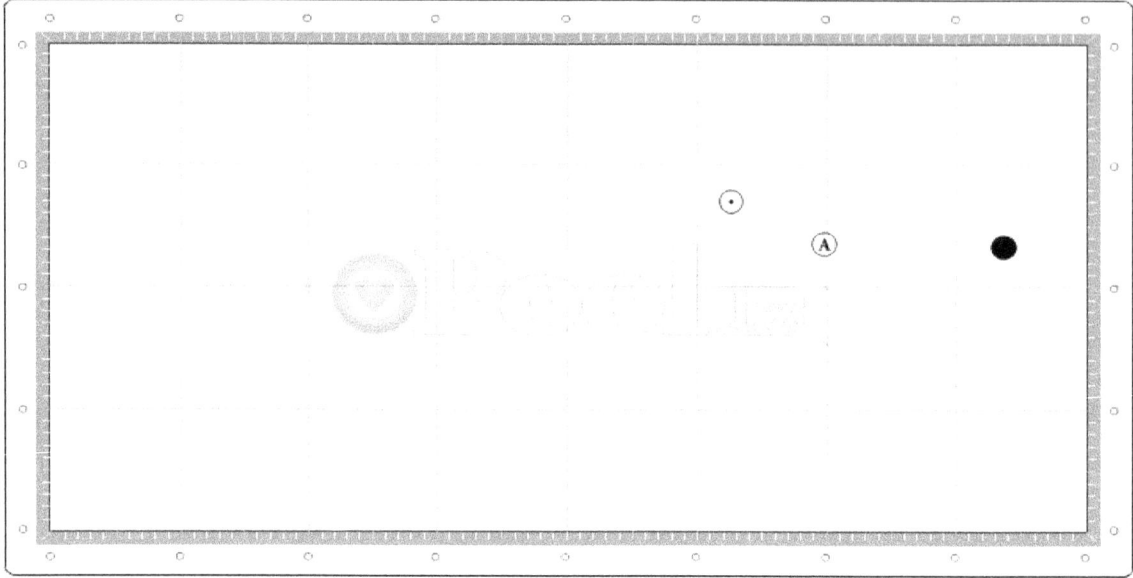

Notas e ideas:

Patrón de disparo

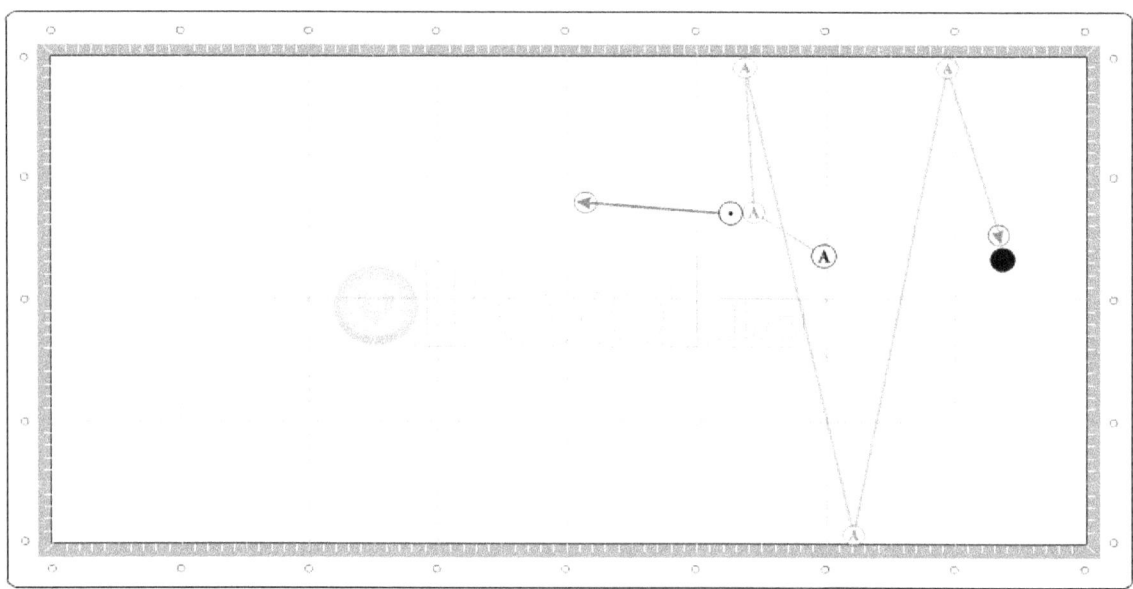

A:3b – Preparar

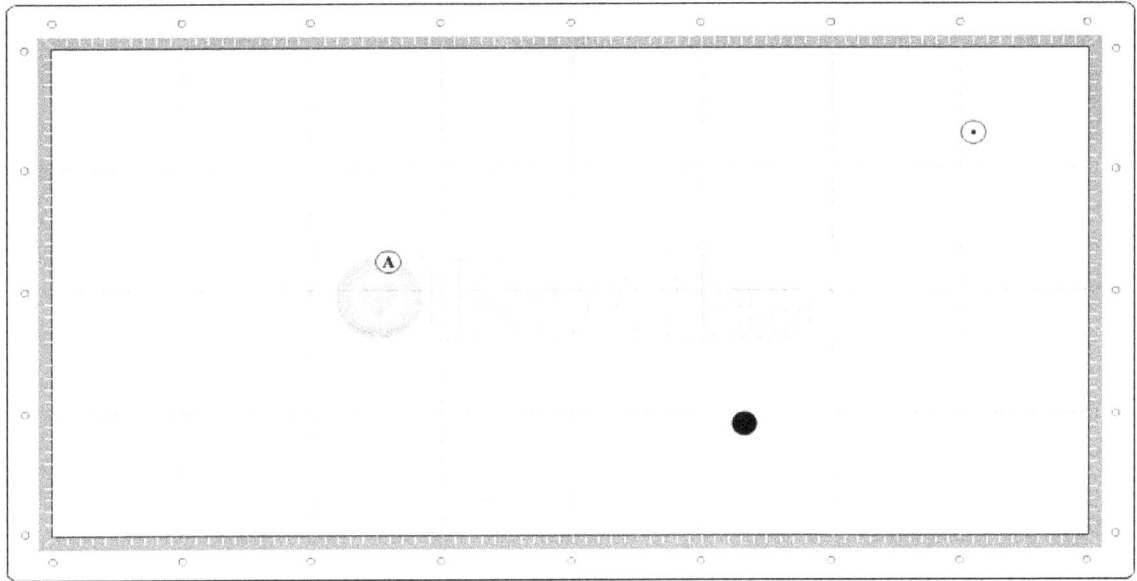

Notas e ideas:

Patrón de disparo

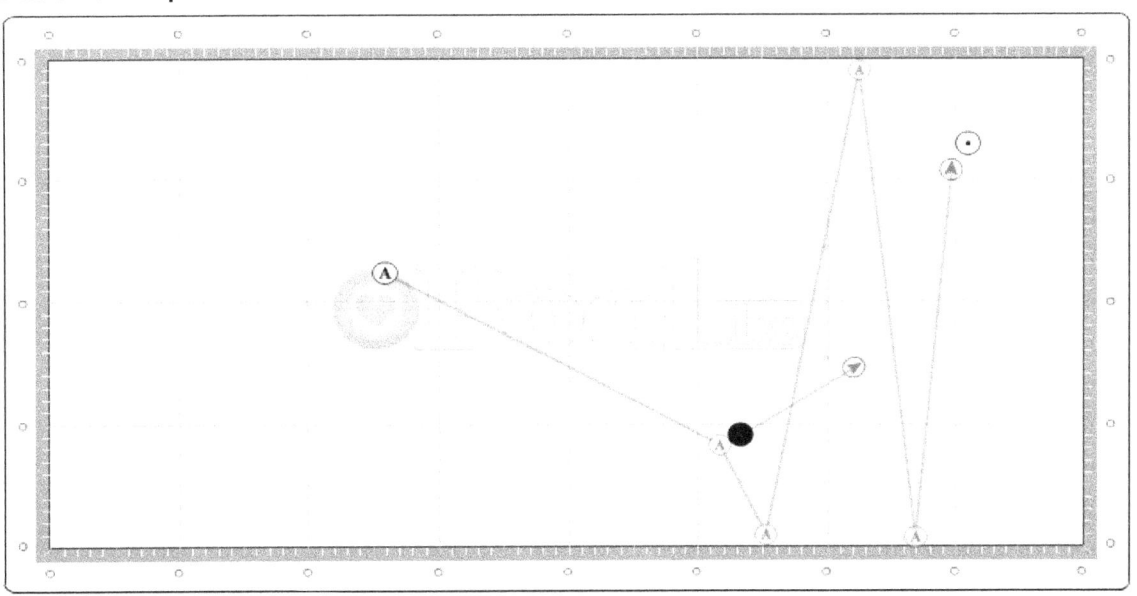

A:3c – Preparar

Notas e ideas:

Patrón de disparo

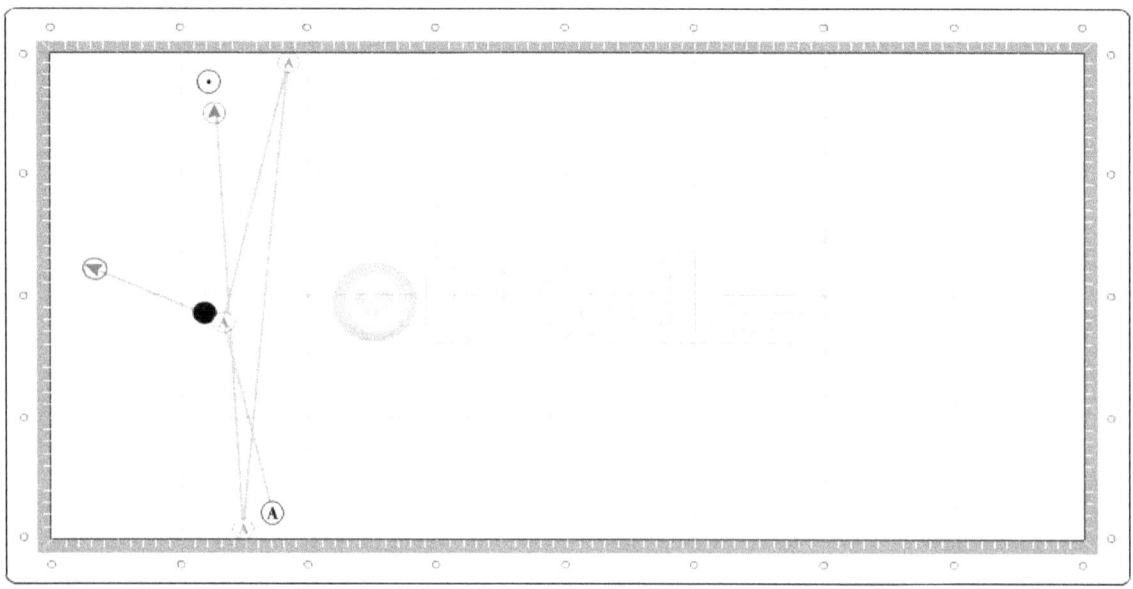

A:3d – Preparar

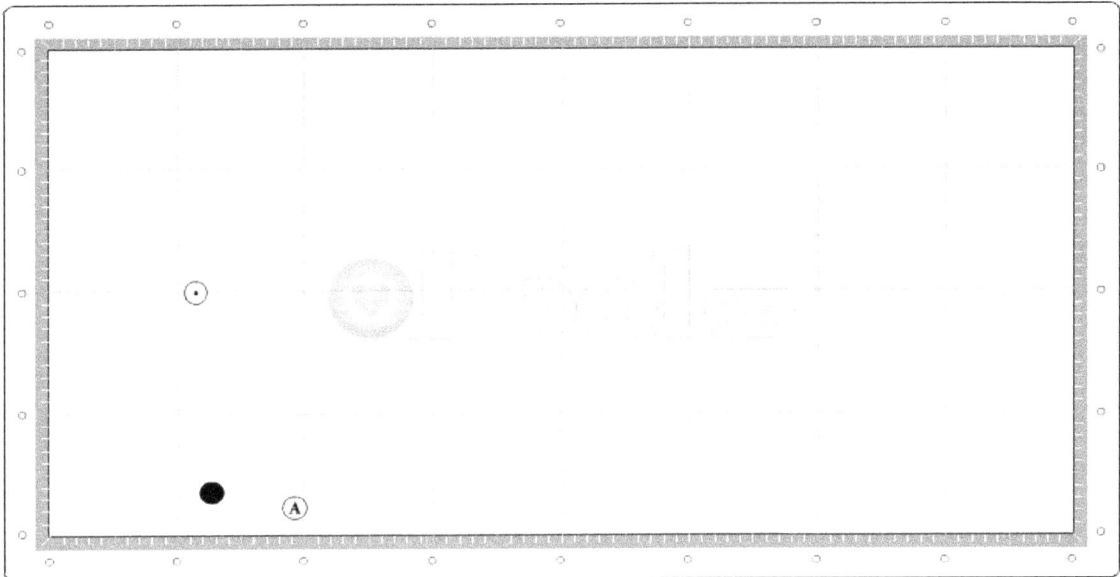

Notas e ideas:

Patrón de disparo

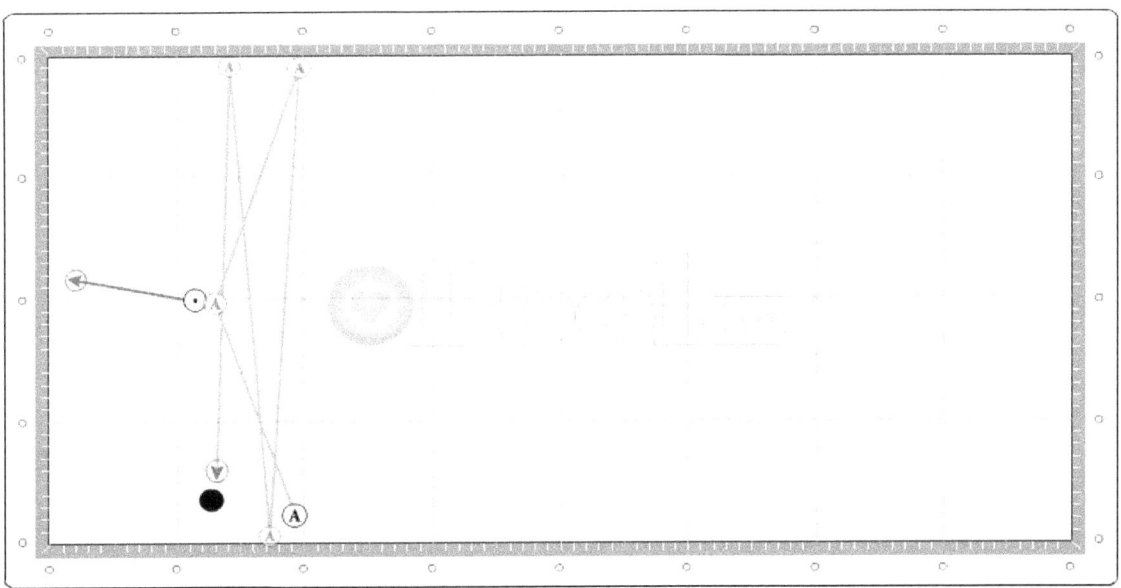

B: Miniatura de bando a bando

El (CB) sale del primer (OB) y luego va y viene. Toda esta actividad está al final del área de la tabla.

Ⓐ (CB) (su bola de billar) - ⊙ (OB) (bola de billar oponente) - ● (OB) (bola de billar roja)

B: Grupo 1

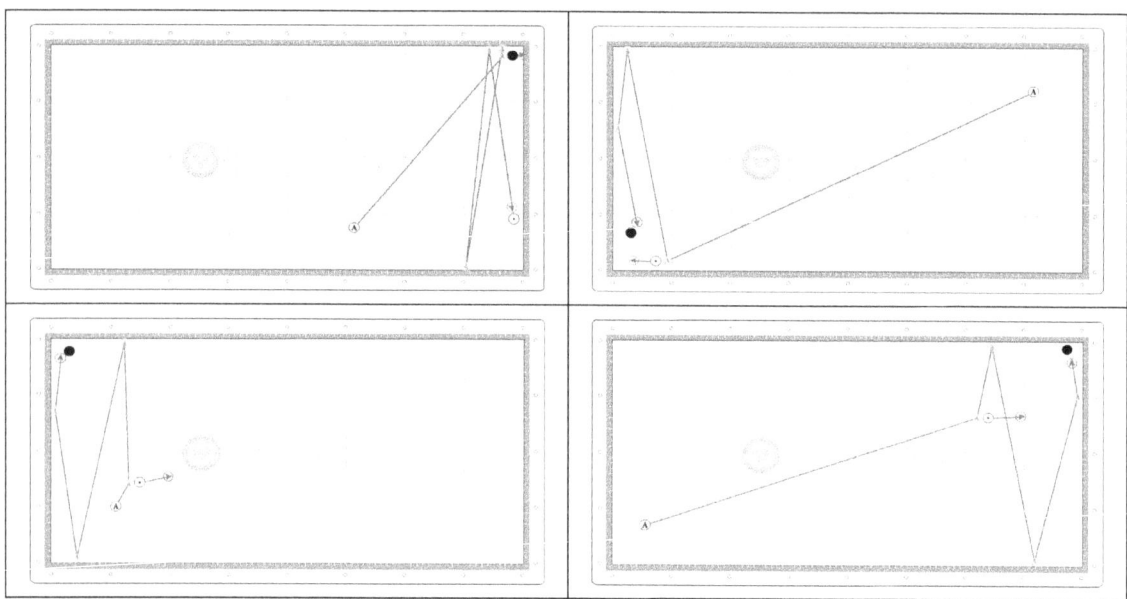

Análisis:

B:1a. _____

B:1b. _____

B:1c. _____

B:1d. _____

B:1a – Preparar

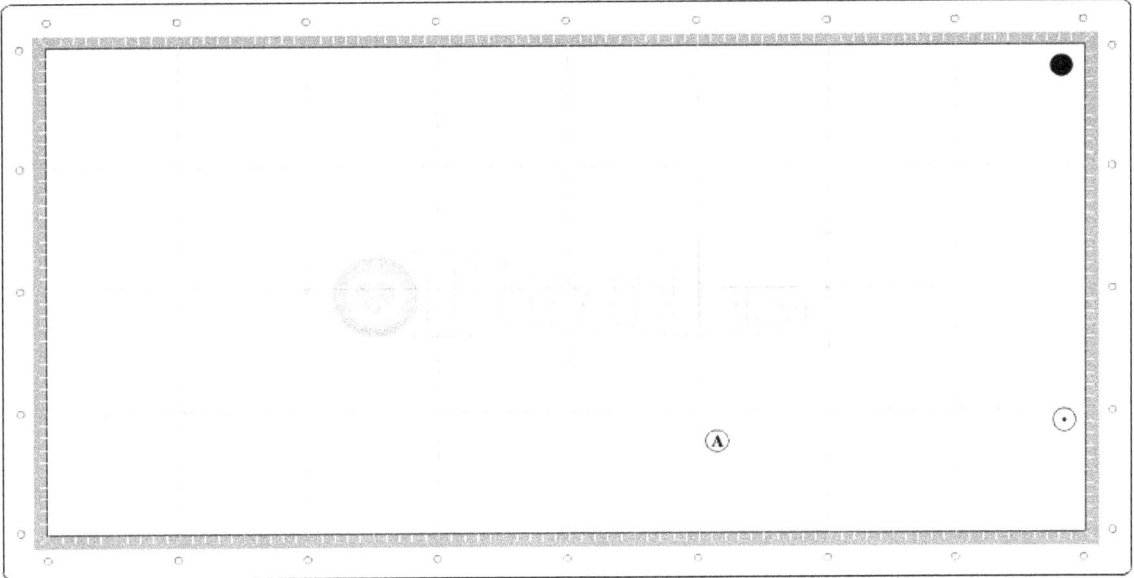

Notas e ideas:

Patrón de disparo

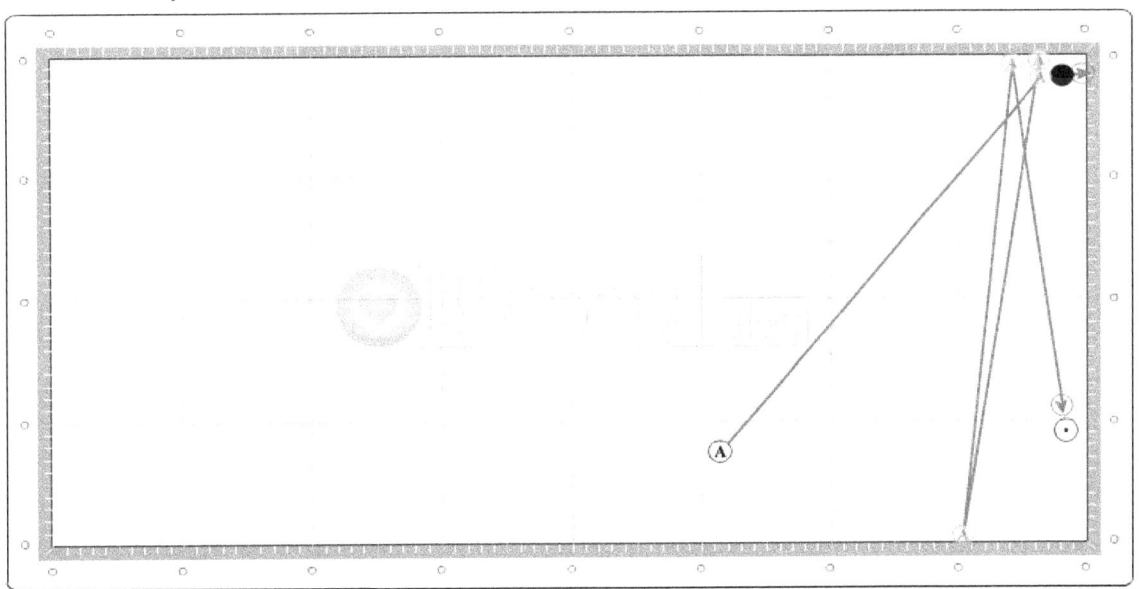

B:1b – Preparar

Notas e ideas:

Patrón de disparo

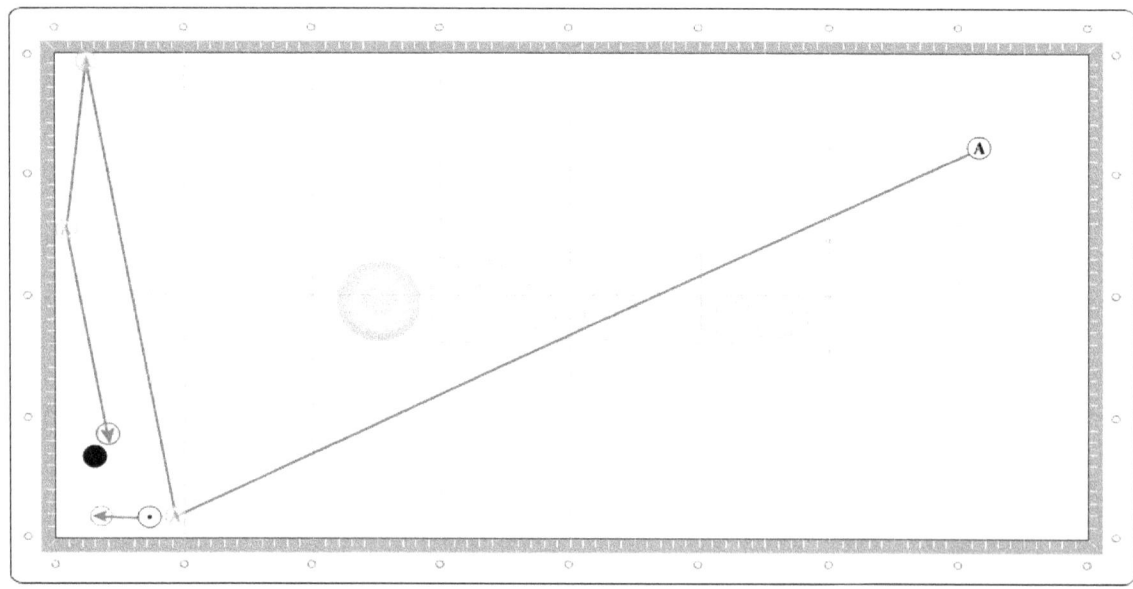

B:1c – Preparar

Notas e ideas:

Patrón de disparo

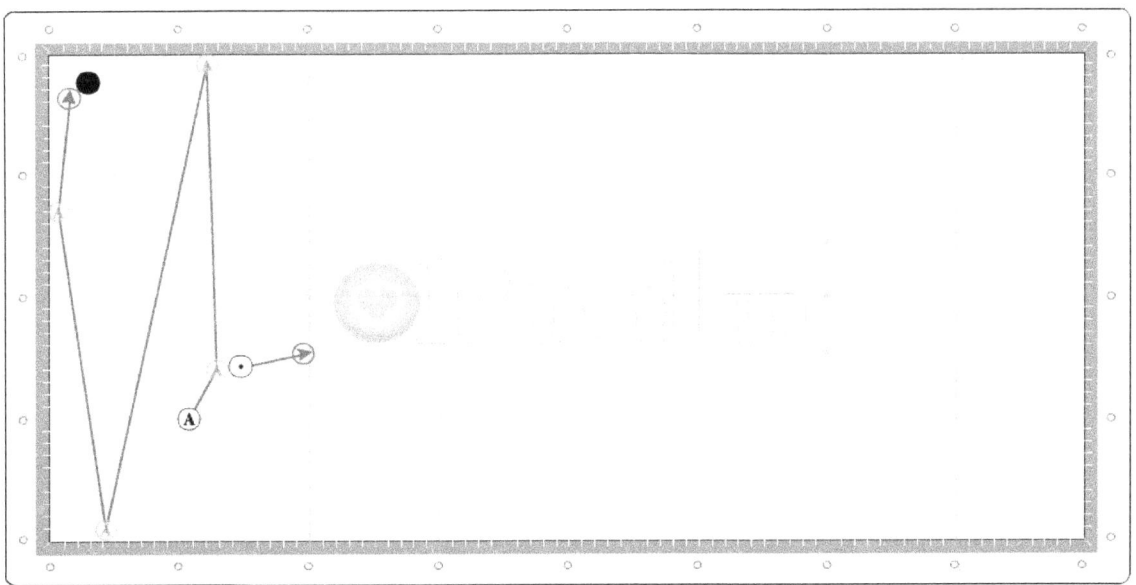

B:1d – Preparar

Notas e ideas:

Patrón de disparo

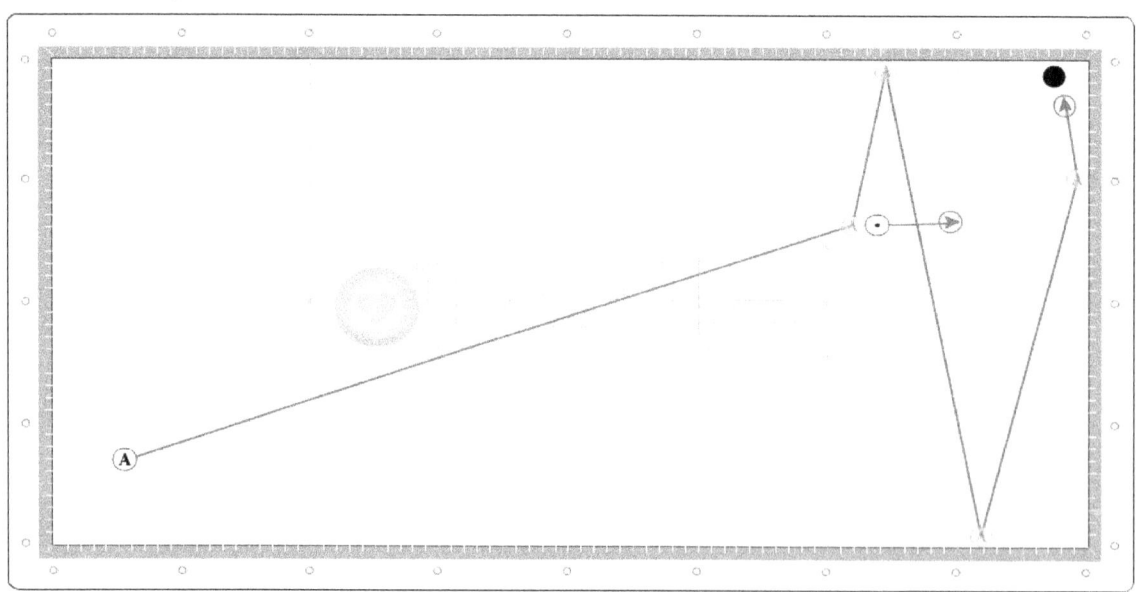

B: Grupo 2

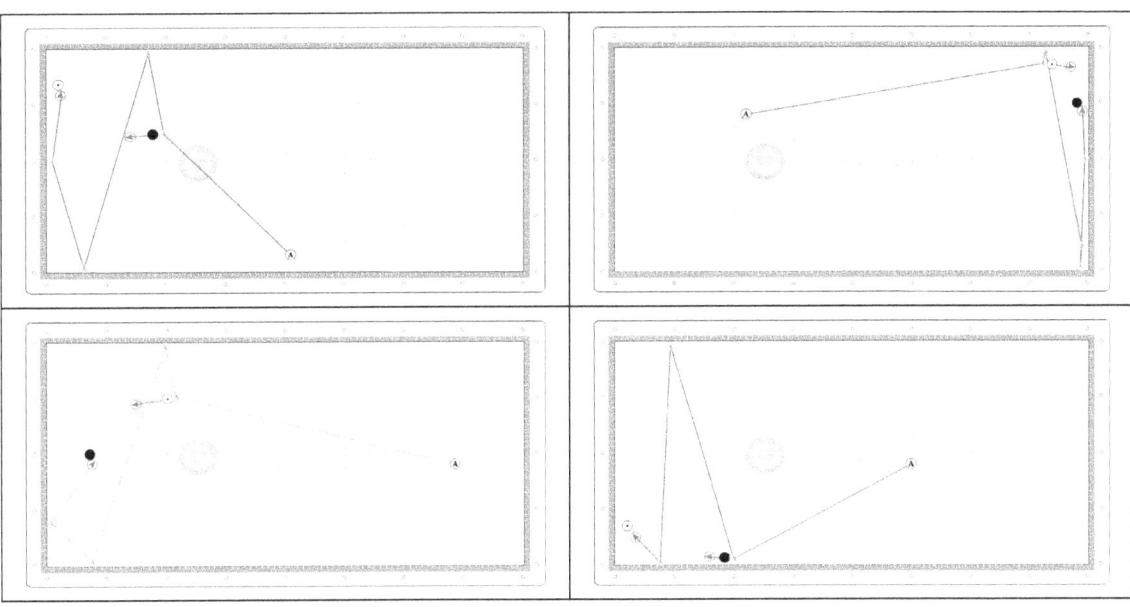

Análisis:

B:2a. _____

B:2b. _____

B:2c. _____

B:2d. _____

B:2a – Preparar

Notas e ideas:

Patrón de disparo

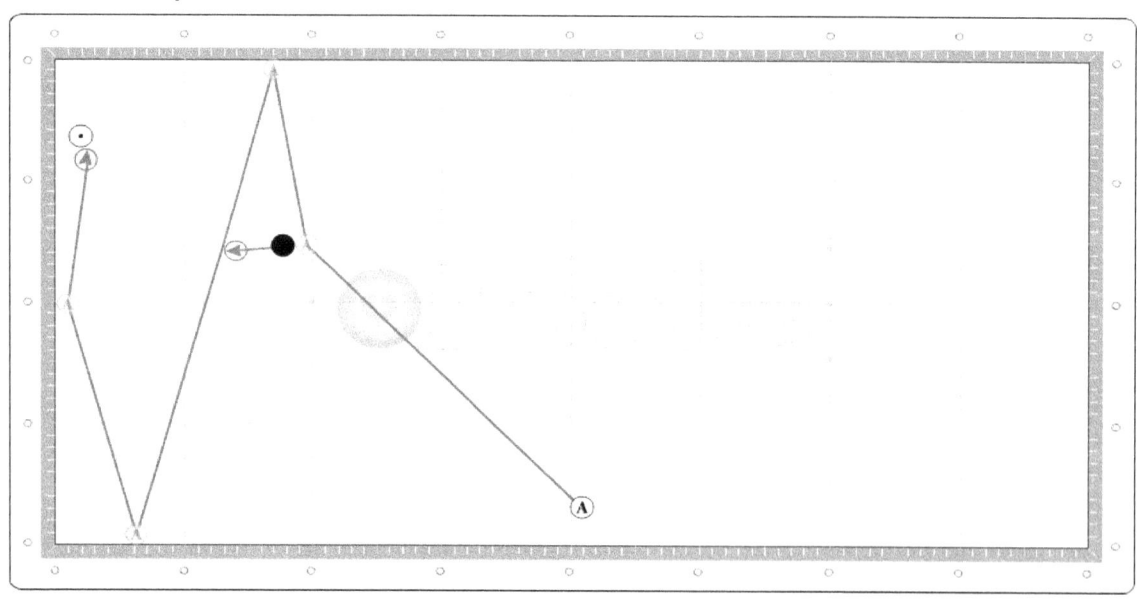

B:2b – Preparar

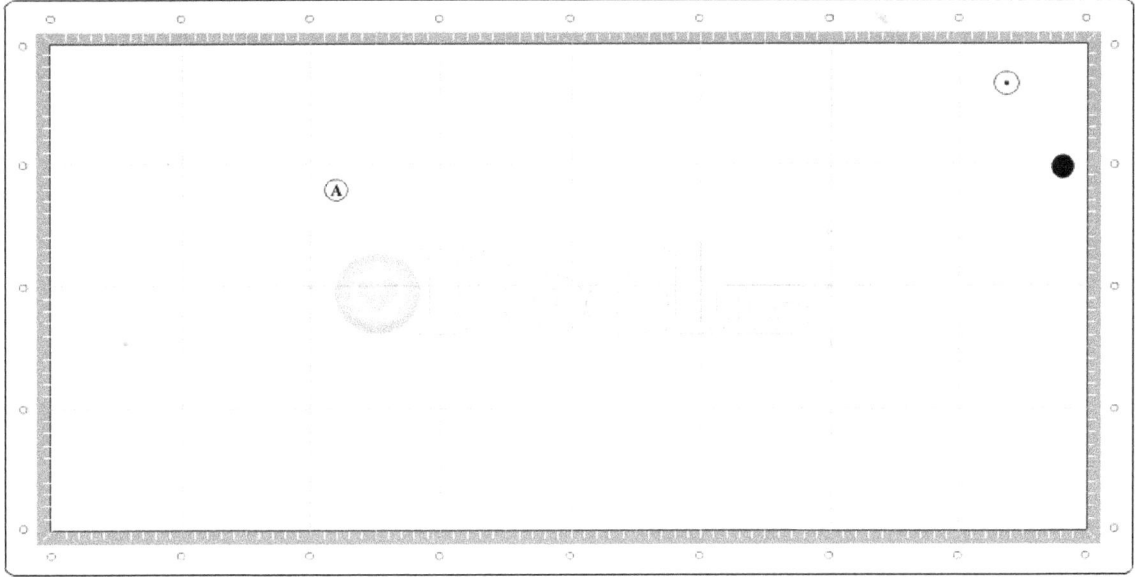

Notas e ideas:

Patrón de disparo

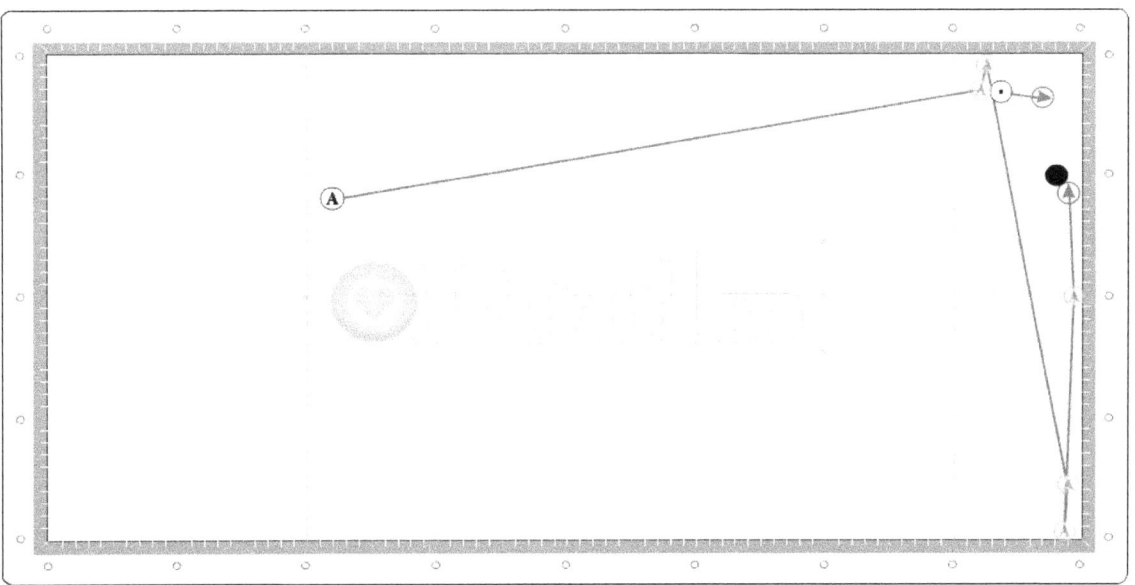

B:2c – Preparar

Notas e ideas:

Patrón de disparo

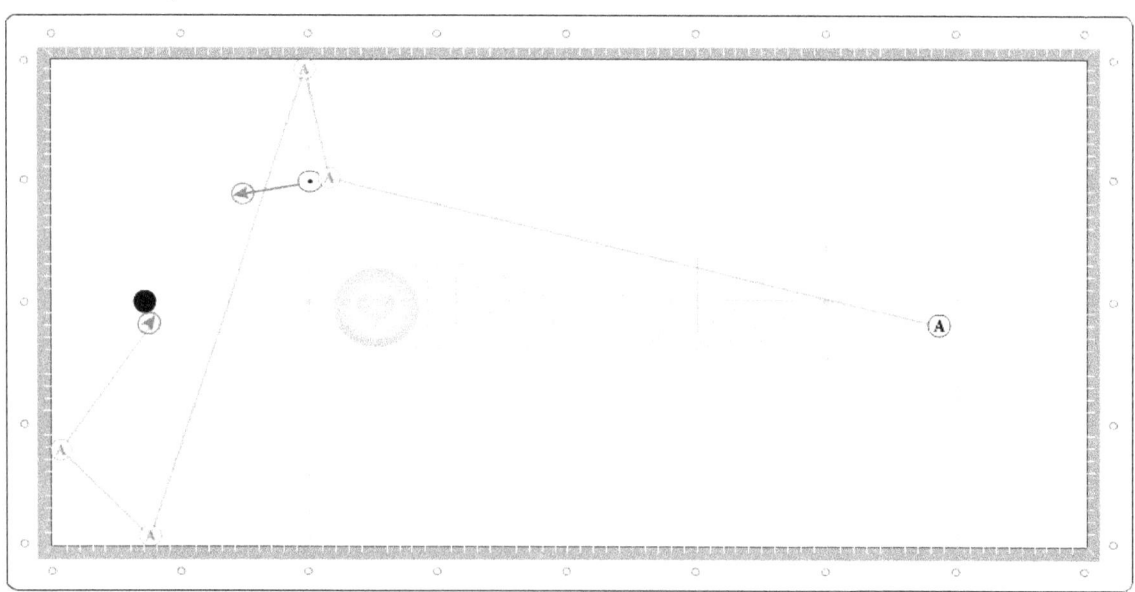

B:2d – Preparar

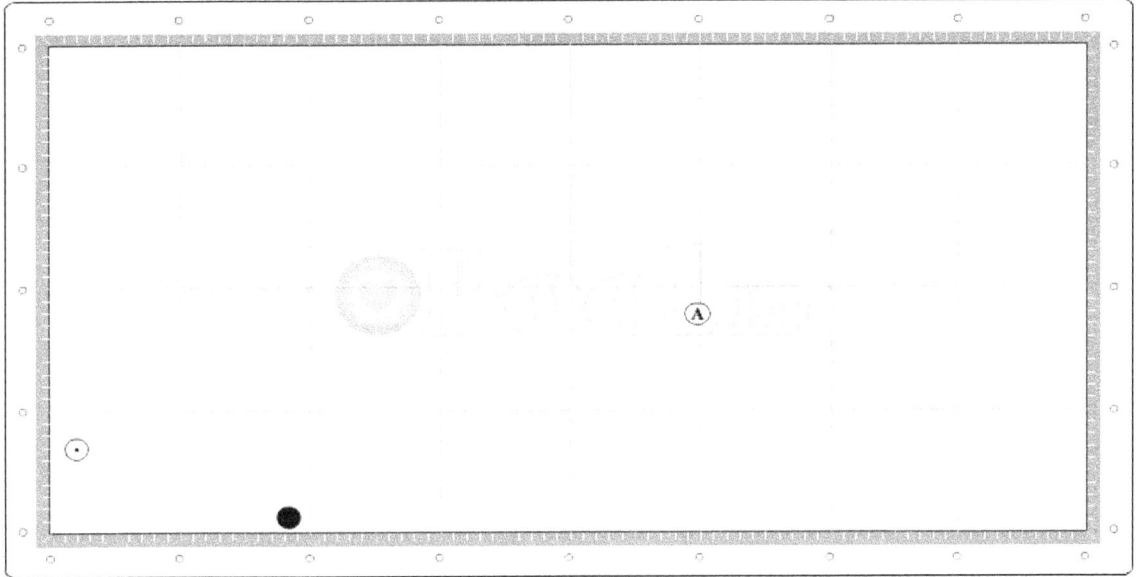

Notas e ideas:

Patrón de disparo

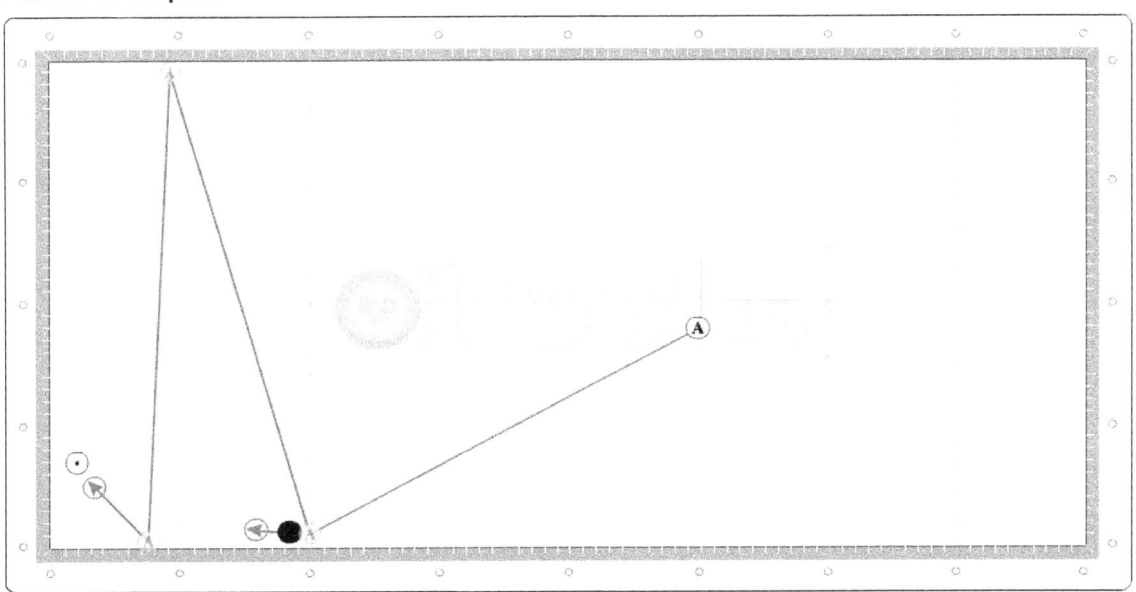

B: Grupo 3

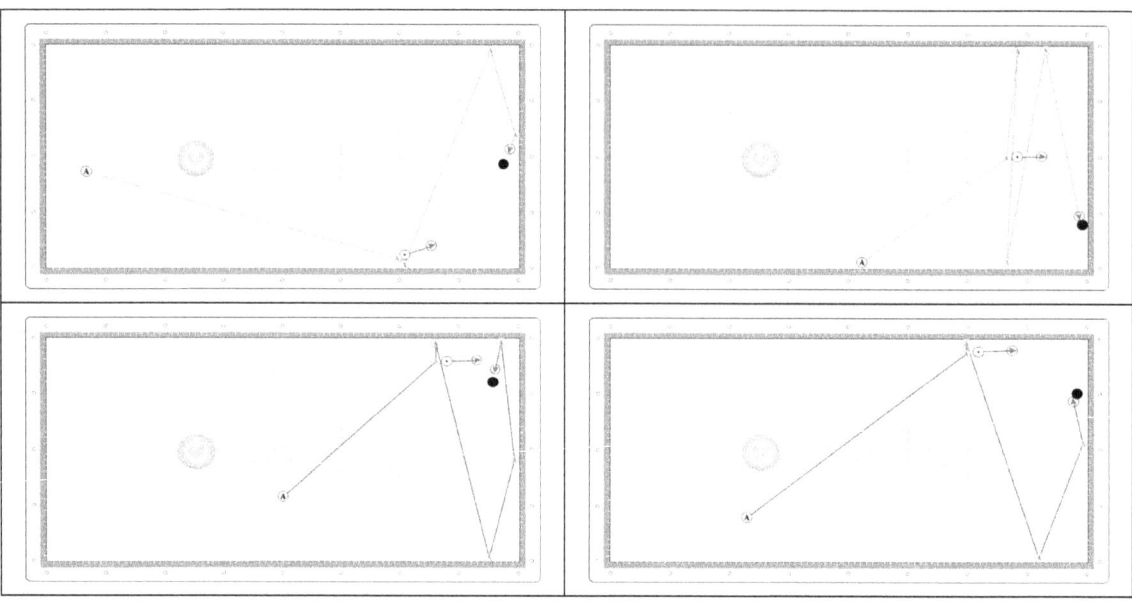

Análisis:

B:3a. _____

B:3b. _____

B:3c. _____

B:3d. _____

B:3a – Preparar

Notas e ideas:

Patrón de disparo

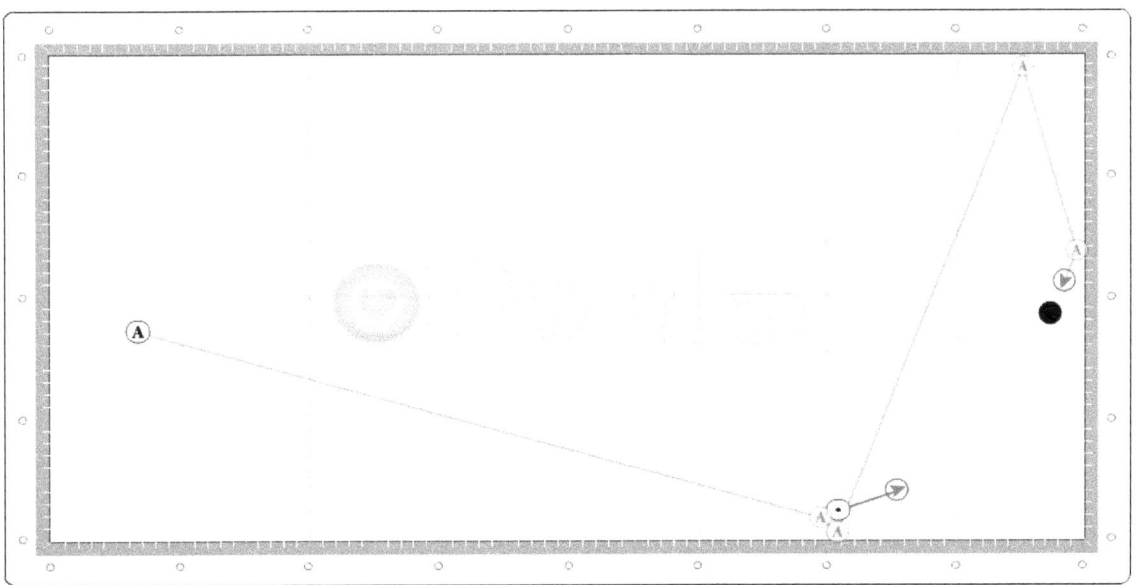

B:3b – Preparar

Notas e ideas:

Patrón de disparo

B:3c – Preparar

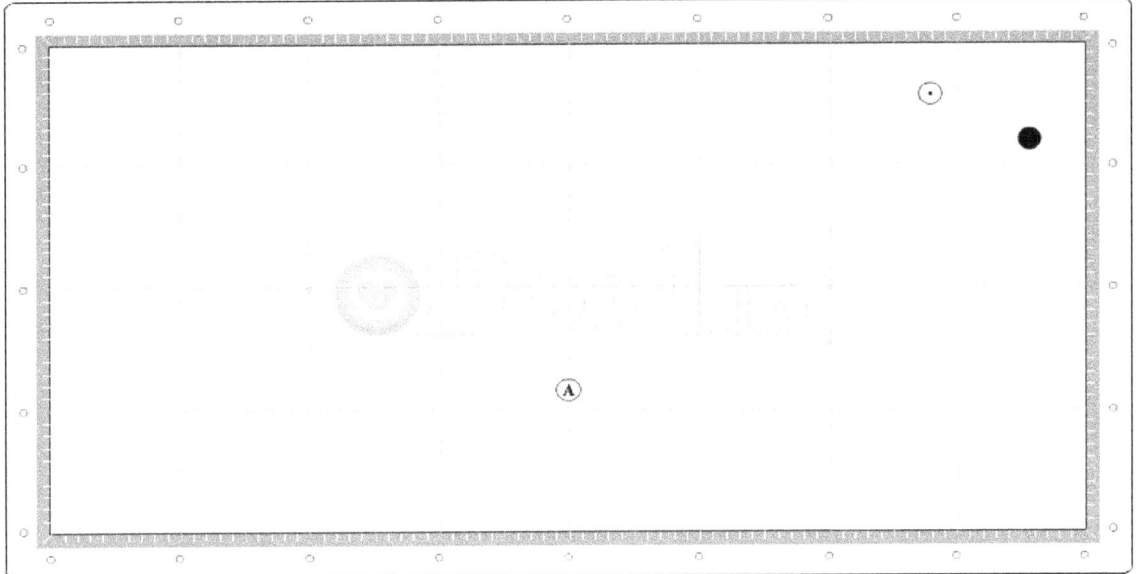

Notas e ideas:

Patrón de disparo

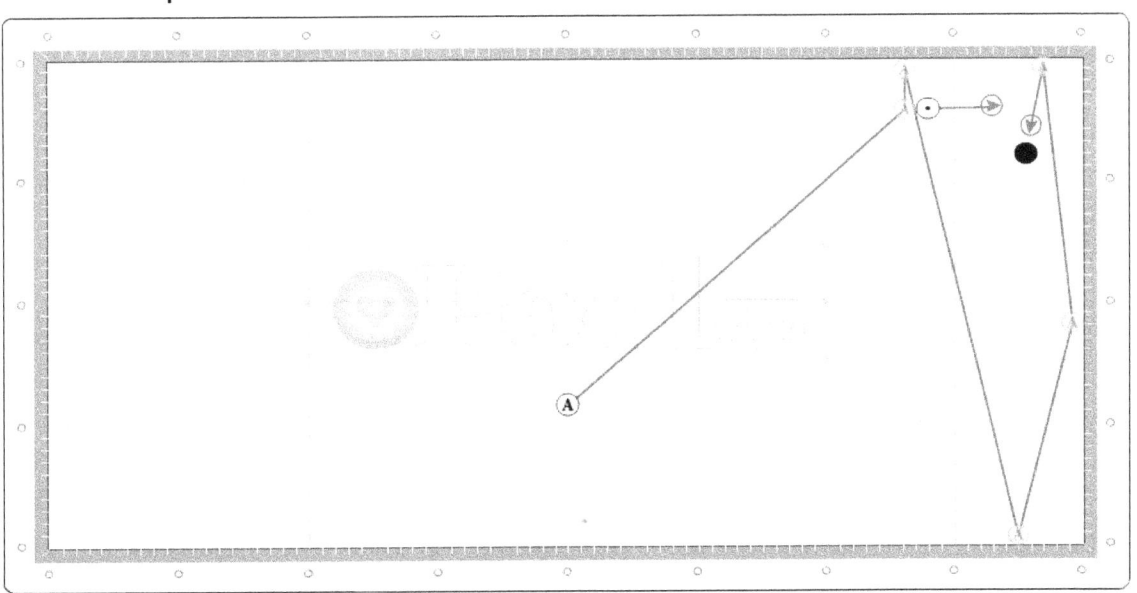

B:3d – Preparar

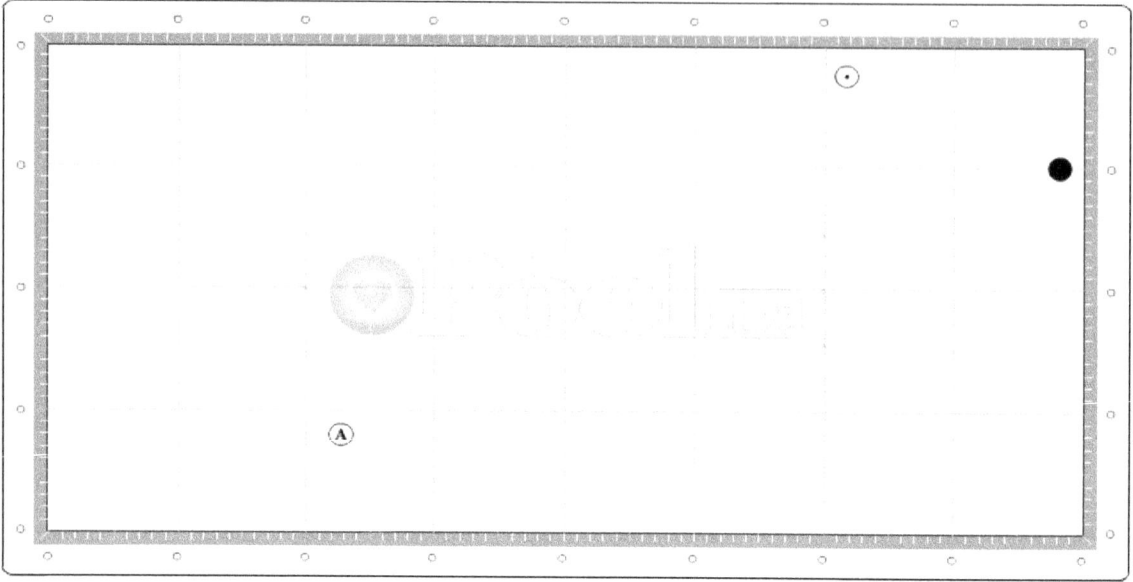

Notas e ideas:

Patrón de disparo

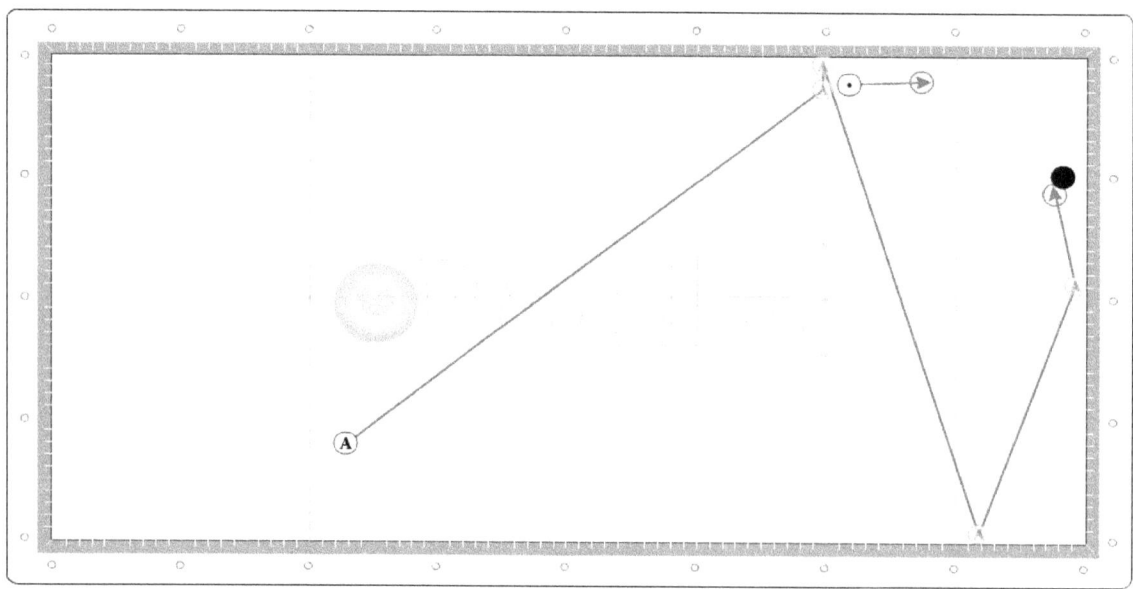

B: Grupo 4

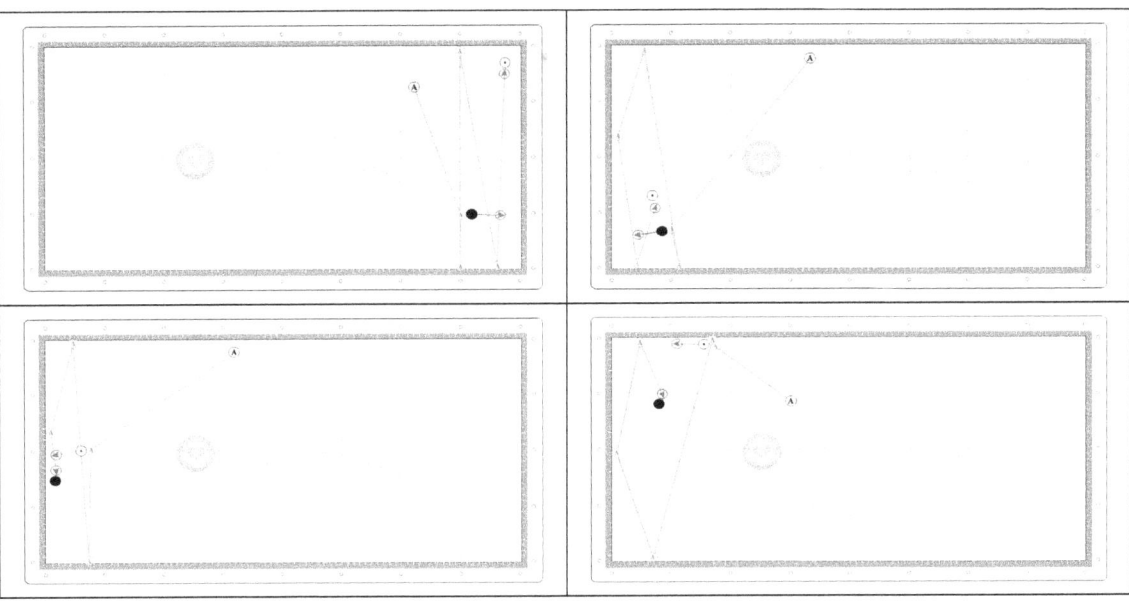

Análisis:

B:4a. _____

B:4b. _____

B:4c. _____

B:4d. _____

B:4a – Preparar

Notas e ideas:

Patrón de disparo

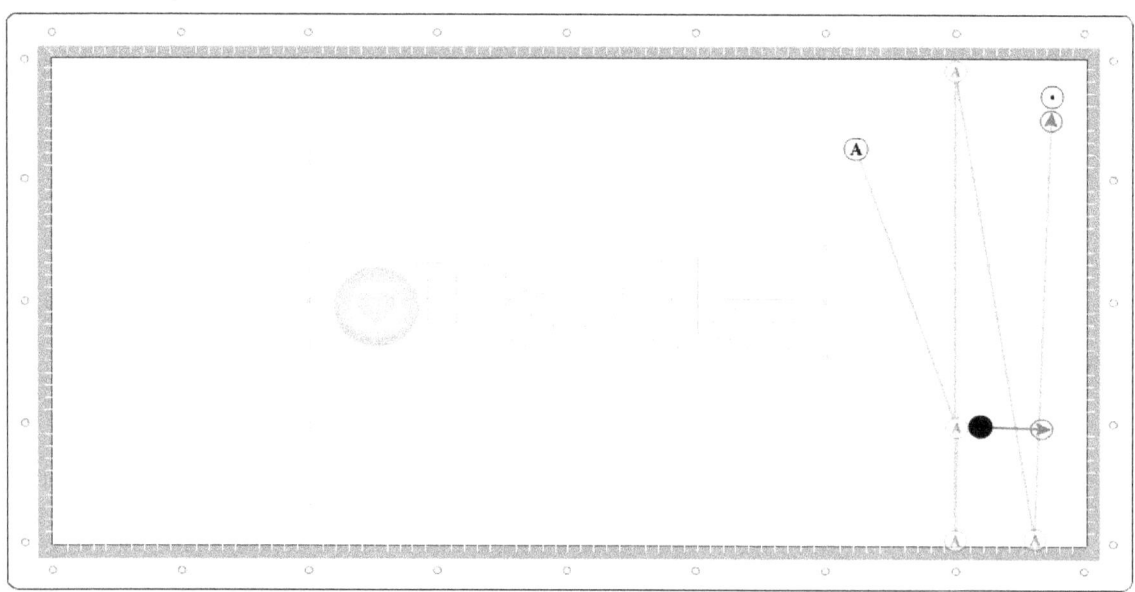

B:4b – Preparar

Notas e ideas:

Patrón de disparo

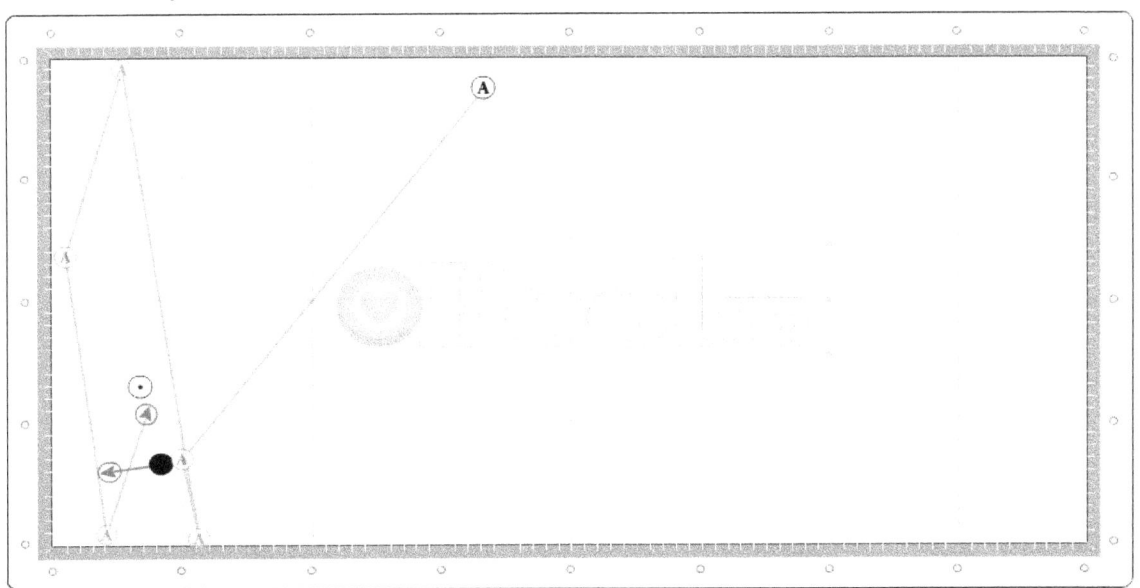

B:4c – Preparar

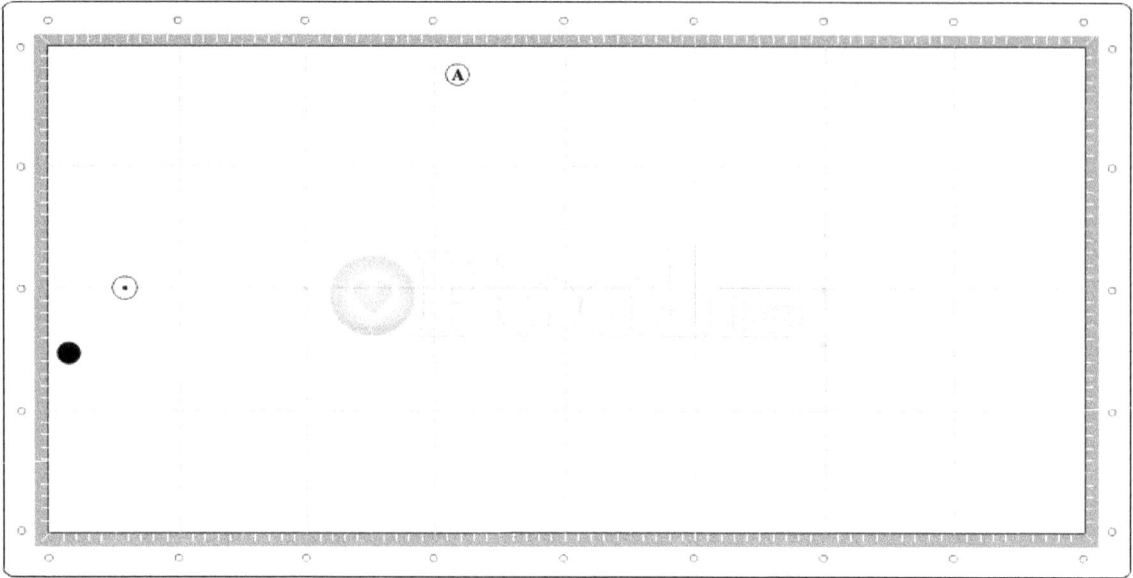

Notas e ideas:

Patrón de disparo

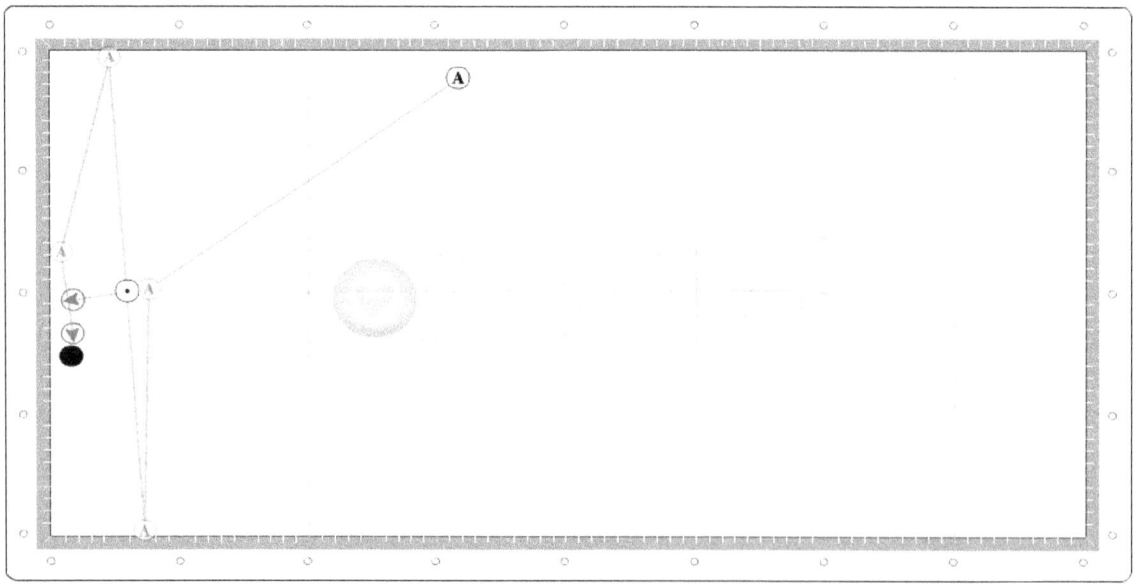

B:4d – Preparar

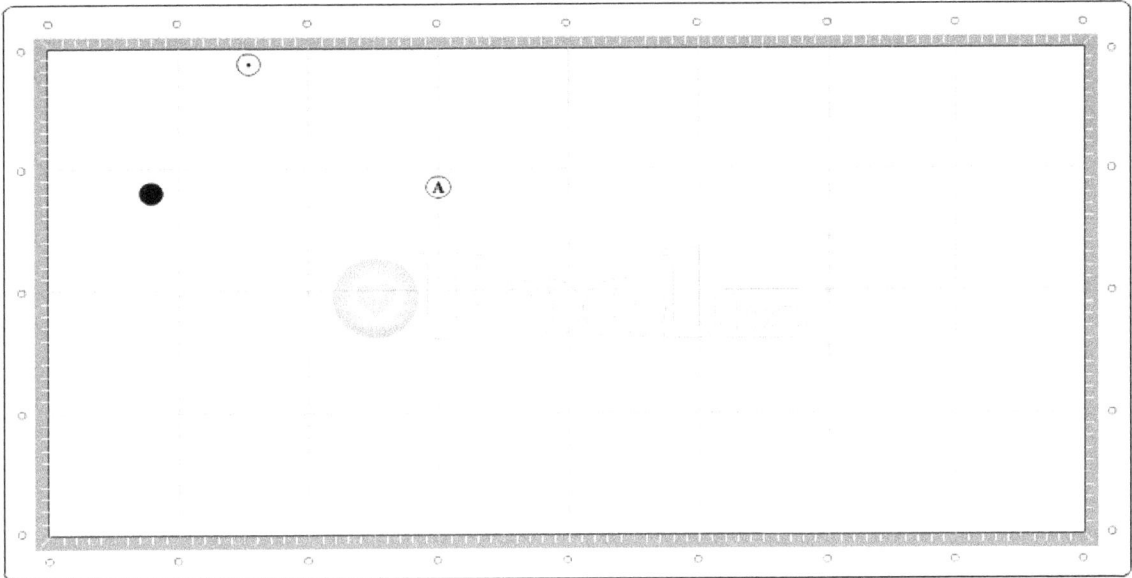

Notas e ideas:

Patrón de disparo

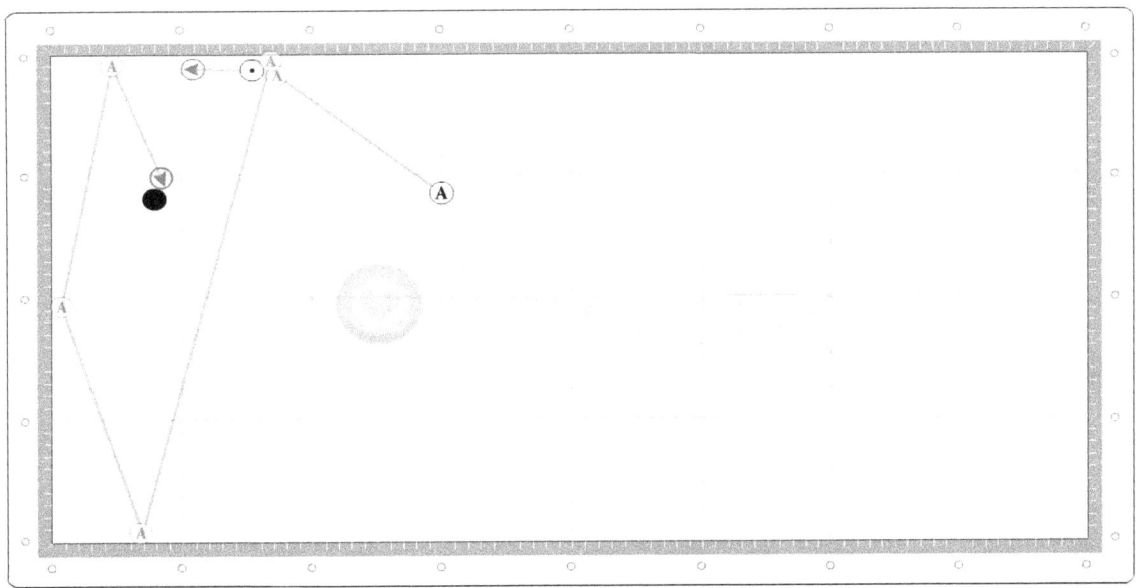

B: Grupo 5

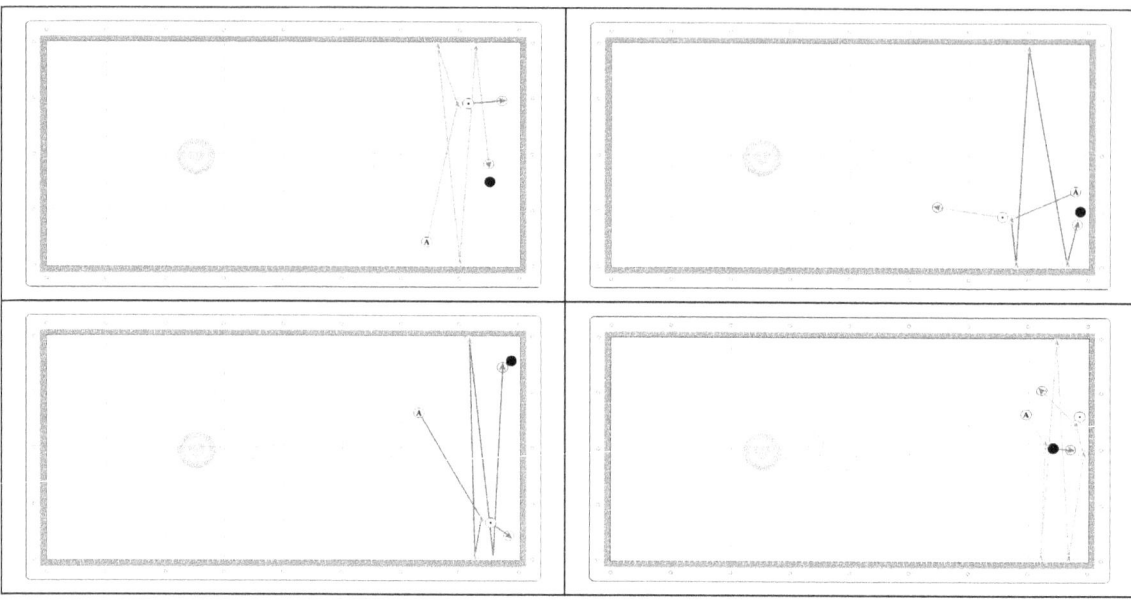

Análisis:

B:5a. _____

B:5b. _____

B:5c. _____

B:5d. _____

B:5a – Preparar

Notas e ideas:

Patrón de disparo

B:5b – Preparar

Notas e ideas:

Patrón de disparo

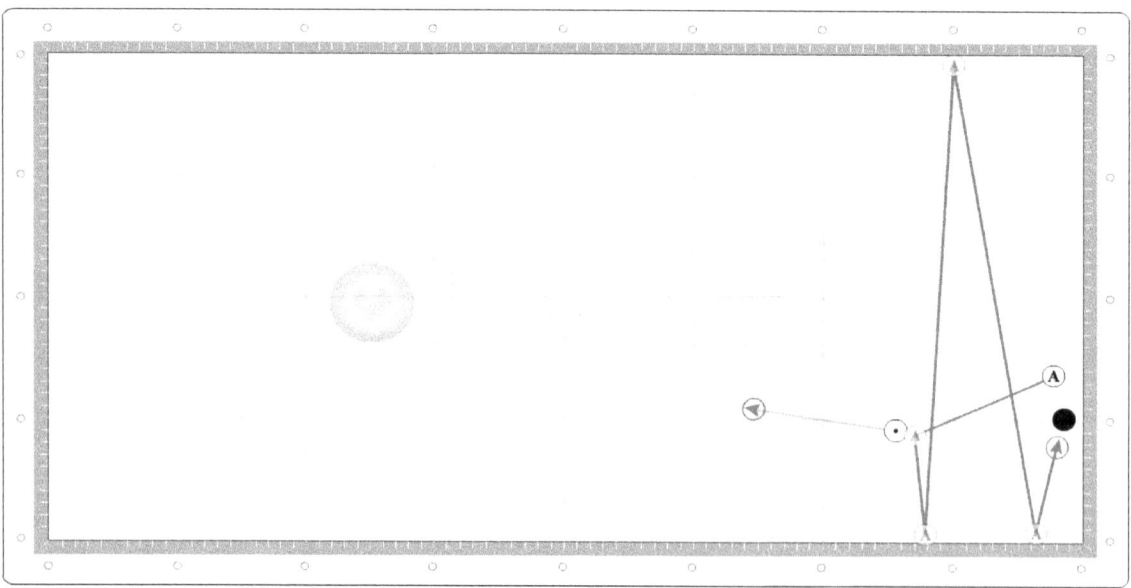

B:5c – Preparar

Notas e ideas:

Patrón de disparo

B:5d – Preparar

Notas e ideas:

Patrón de disparo

C: Media mesa zig zag

El (CB) viaja de bando a bando, dentro de un área de media mesa.

Ⓐ (CB) (su bola de billar) - ⊙ (OB) (bola de billar oponente) - ● (OB) (bola de billar roja)

C: Grupo 1

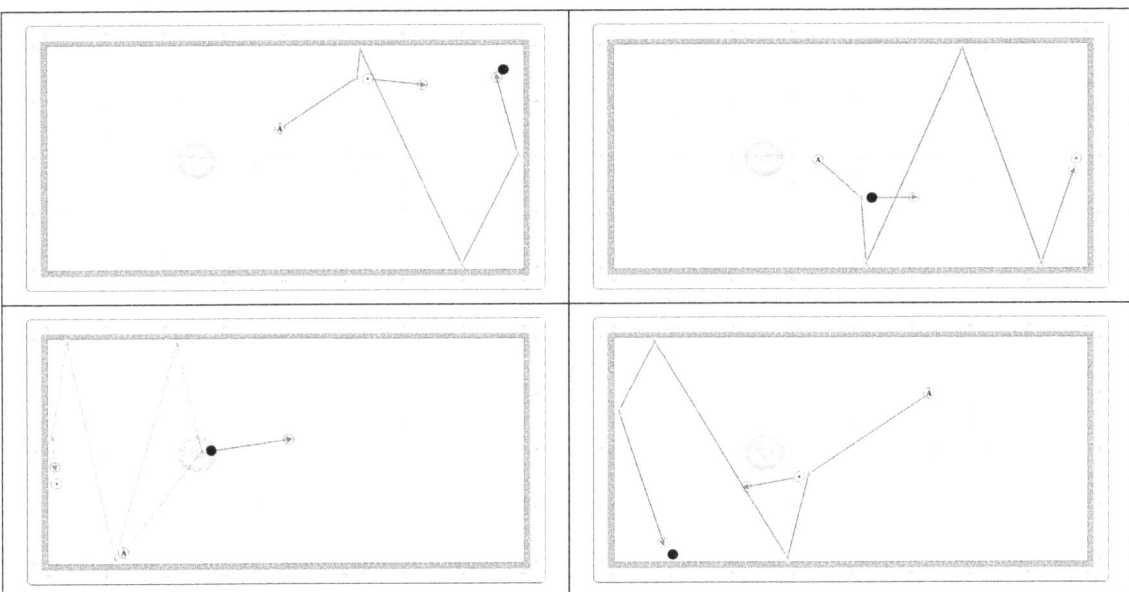

Análisis:

C:1a. _____

C:1b. _____

C:1c. _____

C:1d. _____

C:1a – Preparar

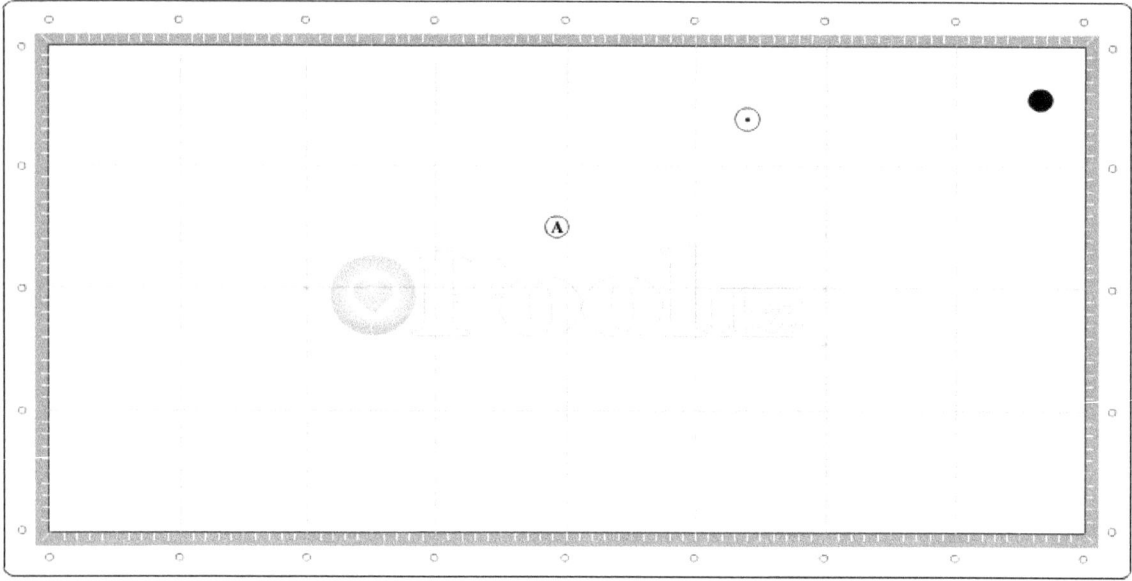

Notas e ideas:

Patrón de disparo

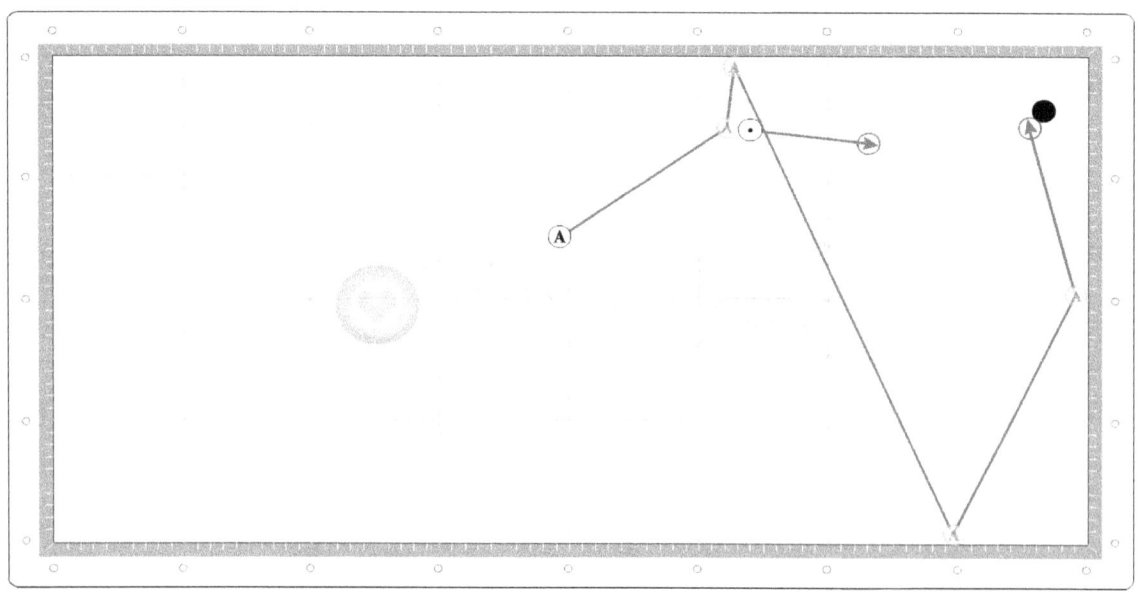

C:1b – Preparar

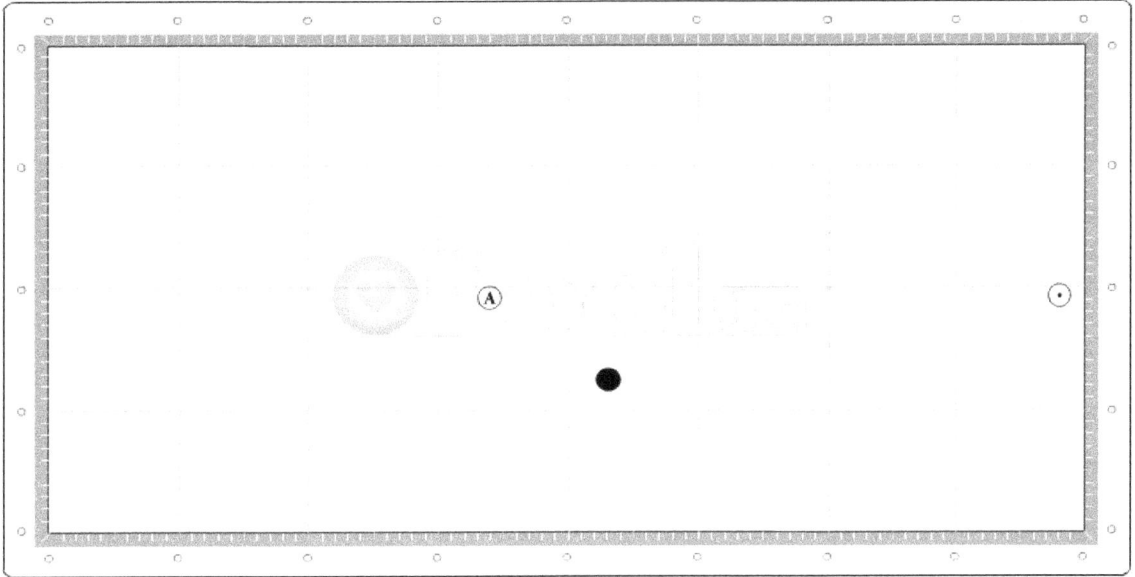

Notas e ideas:

Patrón de disparo

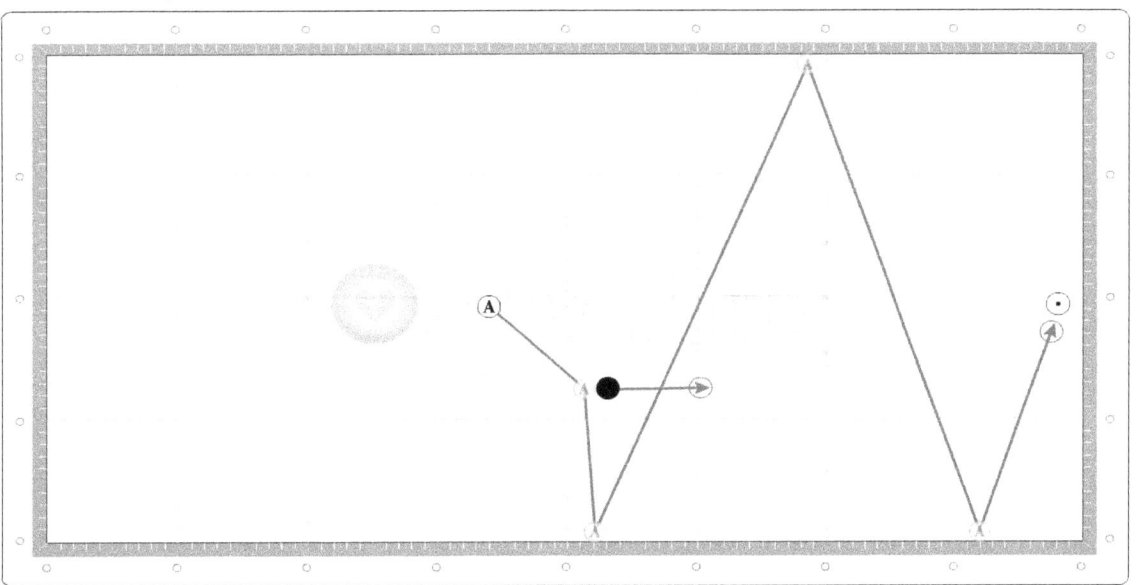

C:1c – Preparar

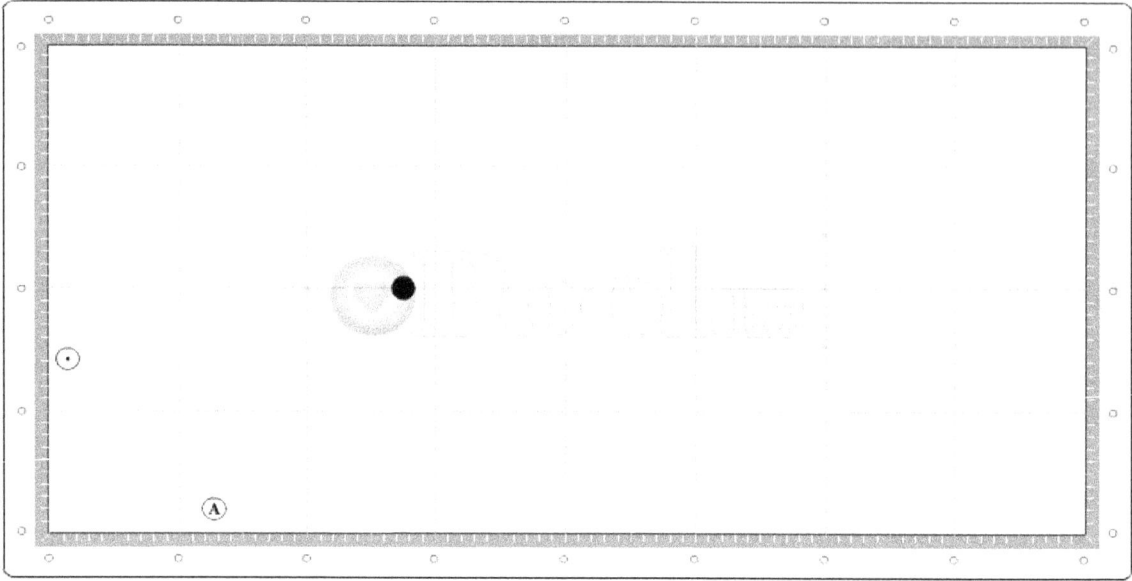

Notas e ideas:

Patrón de disparo

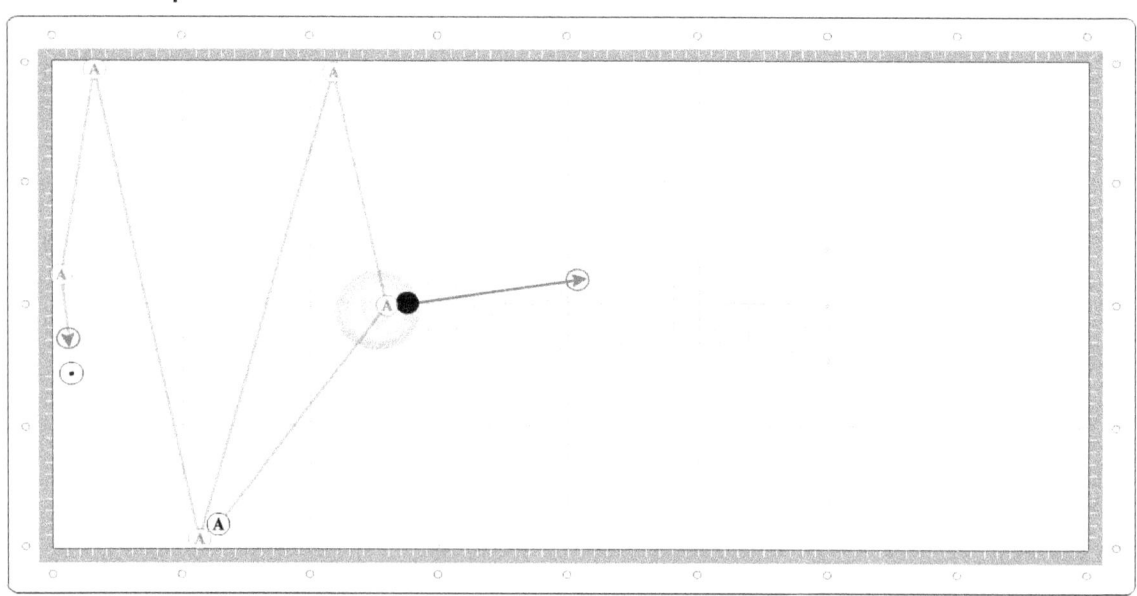

C:1d – Preparar

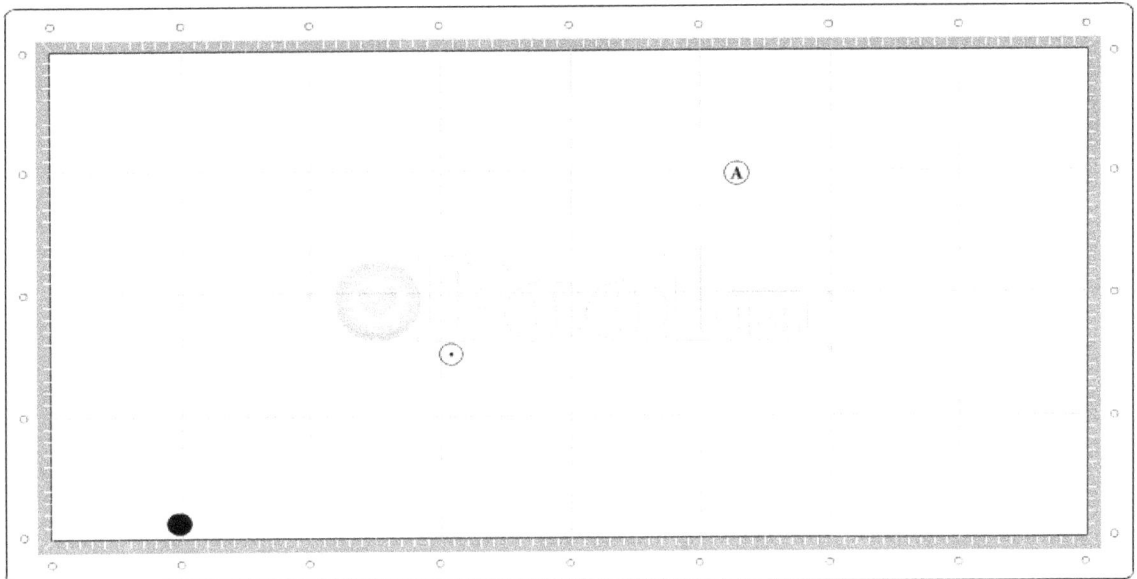

Notas e ideas:

Patrón de disparo

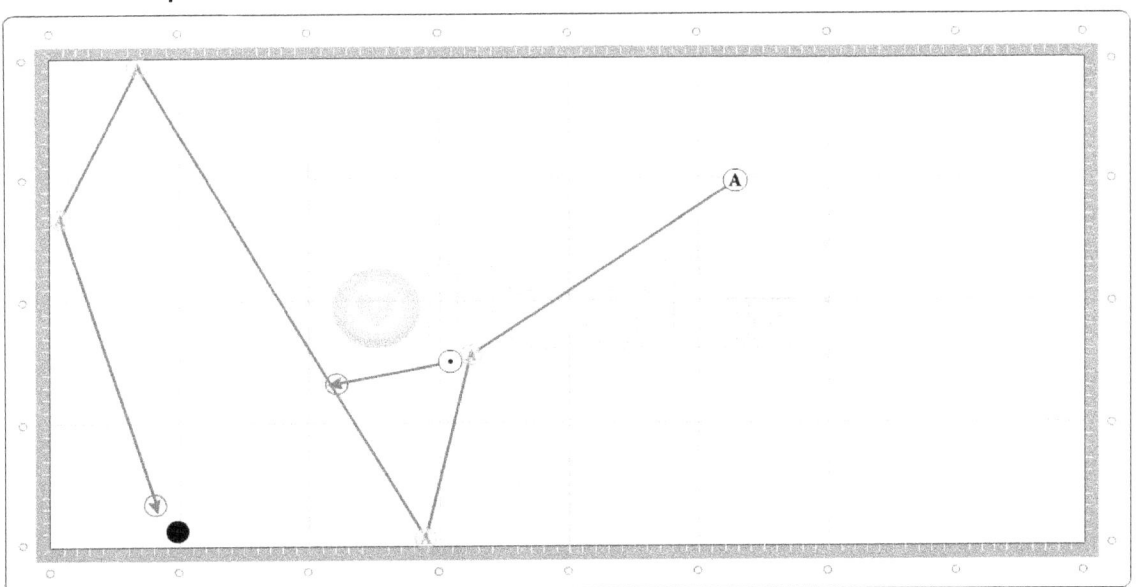

C: Grupo 2

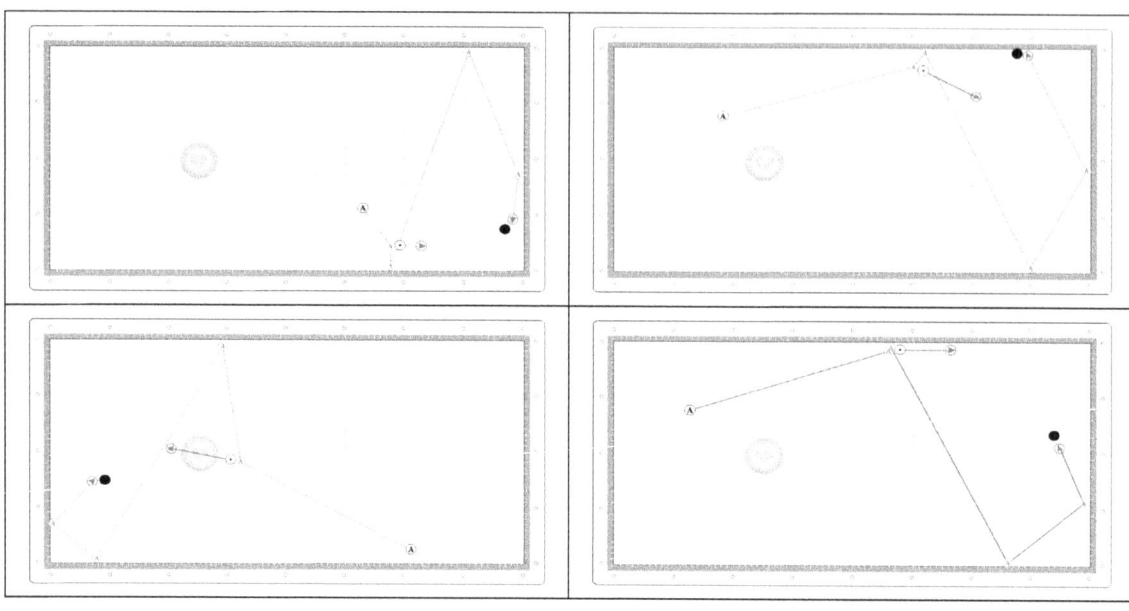

Análisis:

C:2a. _____

C:2b. _____

C:2c. _____

C:3d. _____

C:2a – Preparar

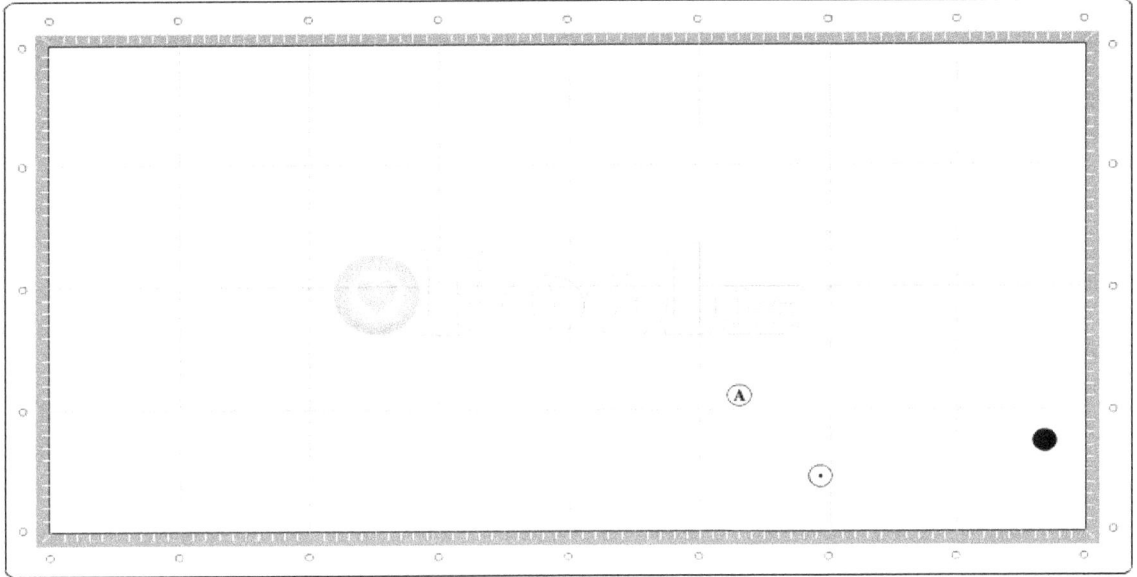

Notas e ideas:

Patrón de disparo

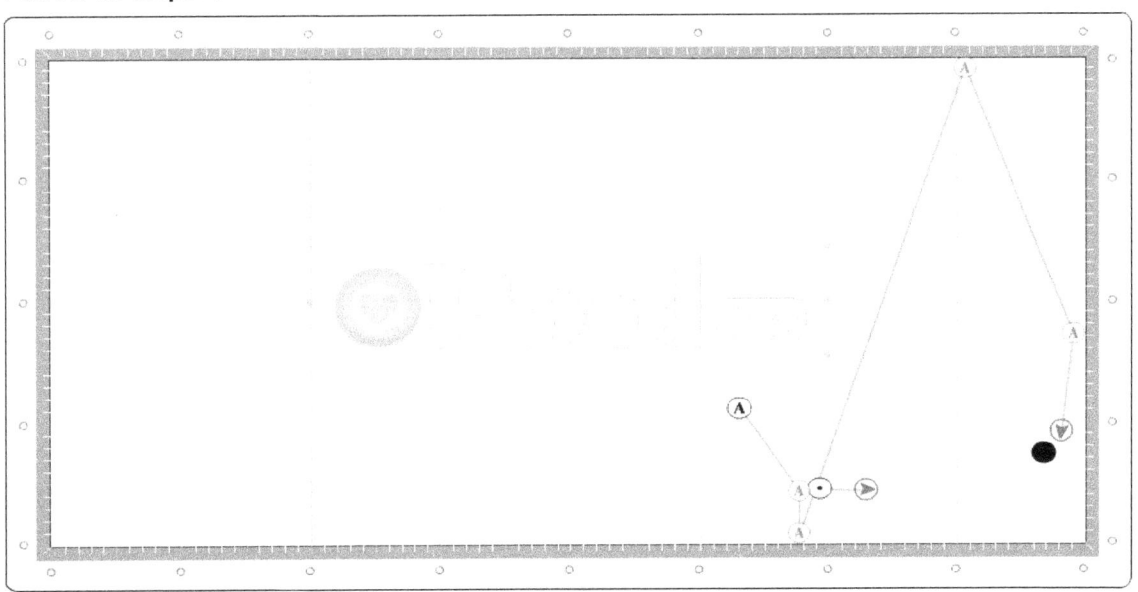

C:2b – Preparar

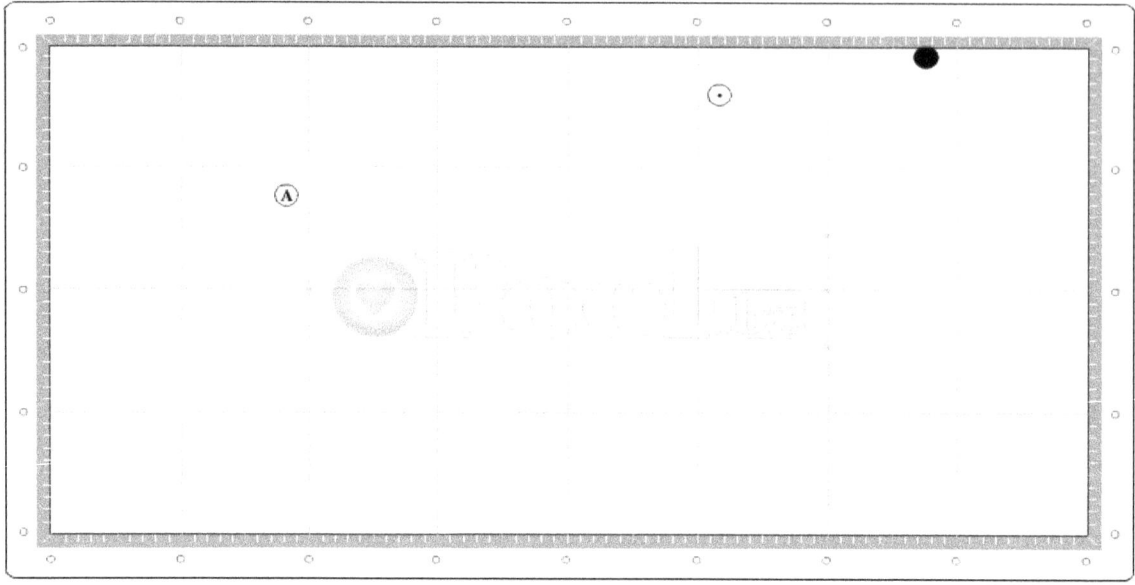

Notas e ideas:

Patrón de disparo

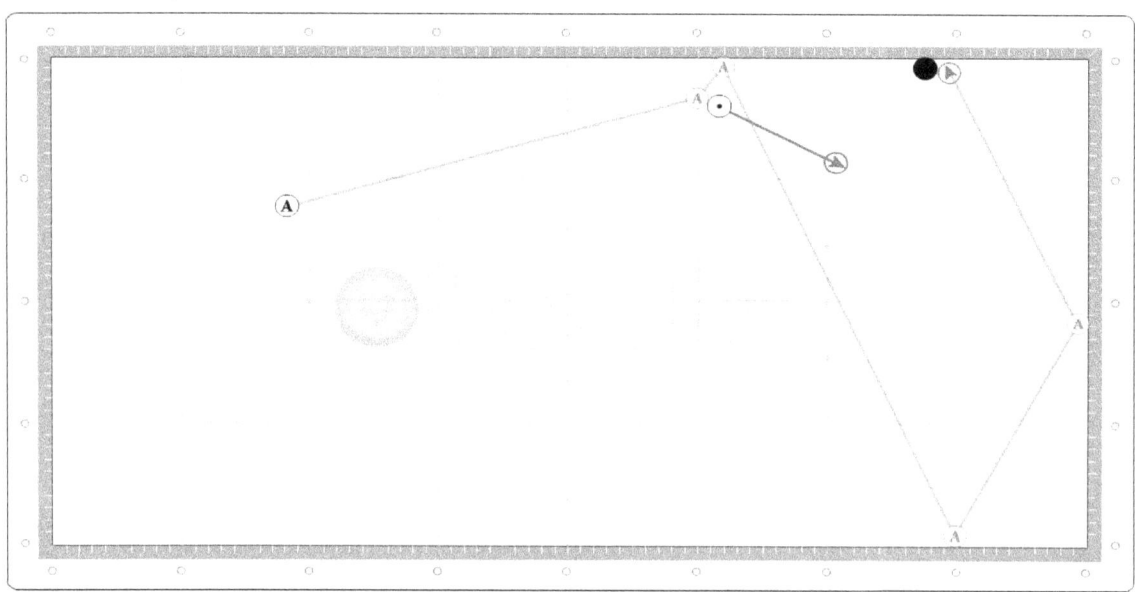

C:2c – Preparar

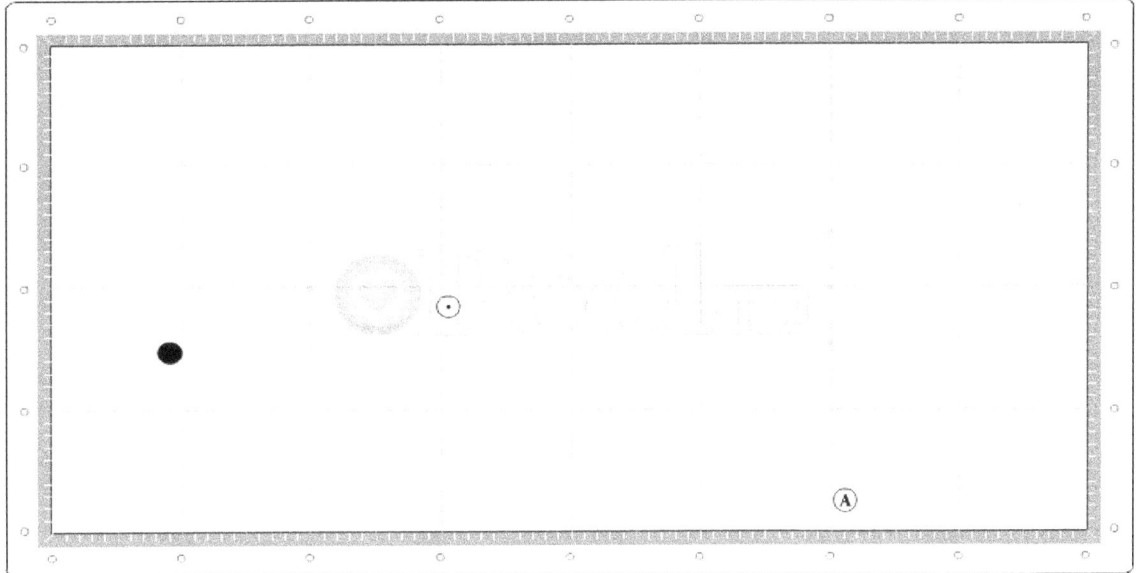

Notas e ideas:

Patrón de disparo

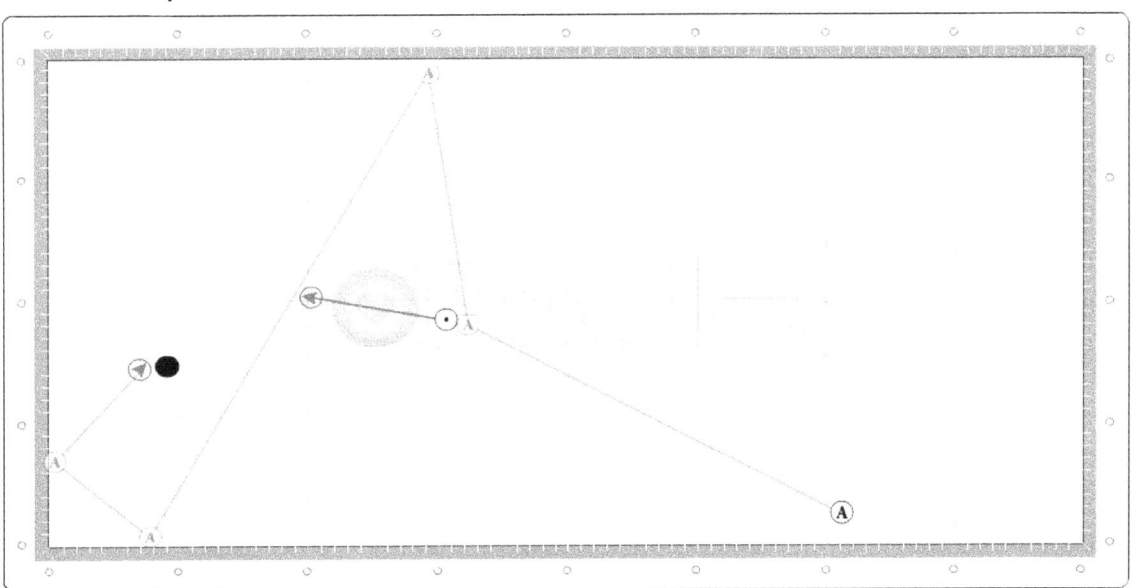

C:2d – Preparar

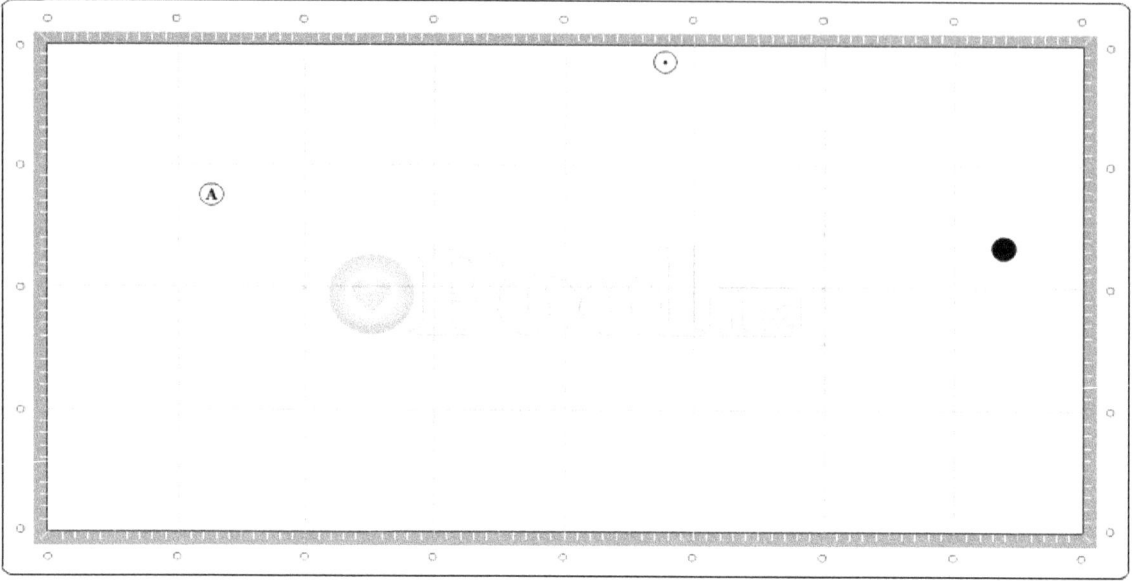

Notas e ideas:

Patrón de disparo

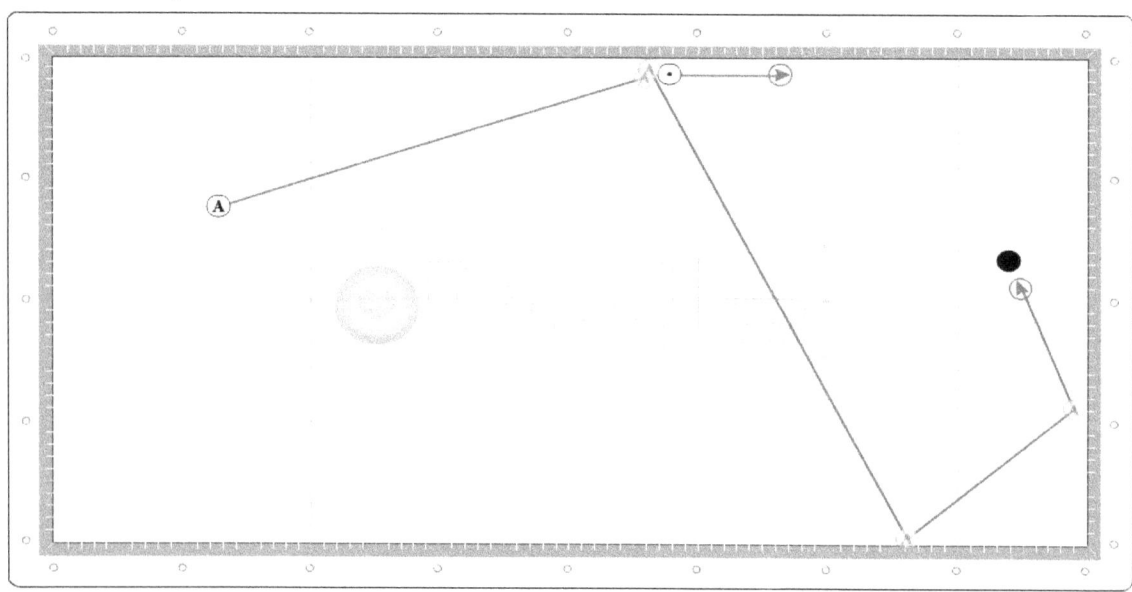

C: Grupo 3

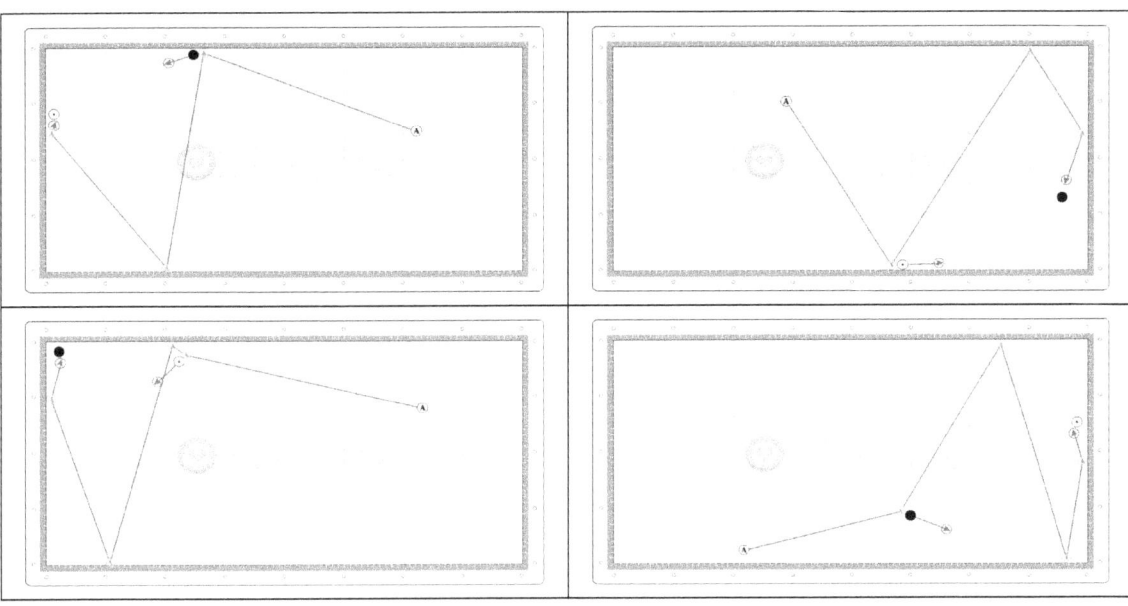

Análisis:

C:3a. _____

C:3b. _____

C:3c. _____

C:3d. _____

C:3a – Preparar

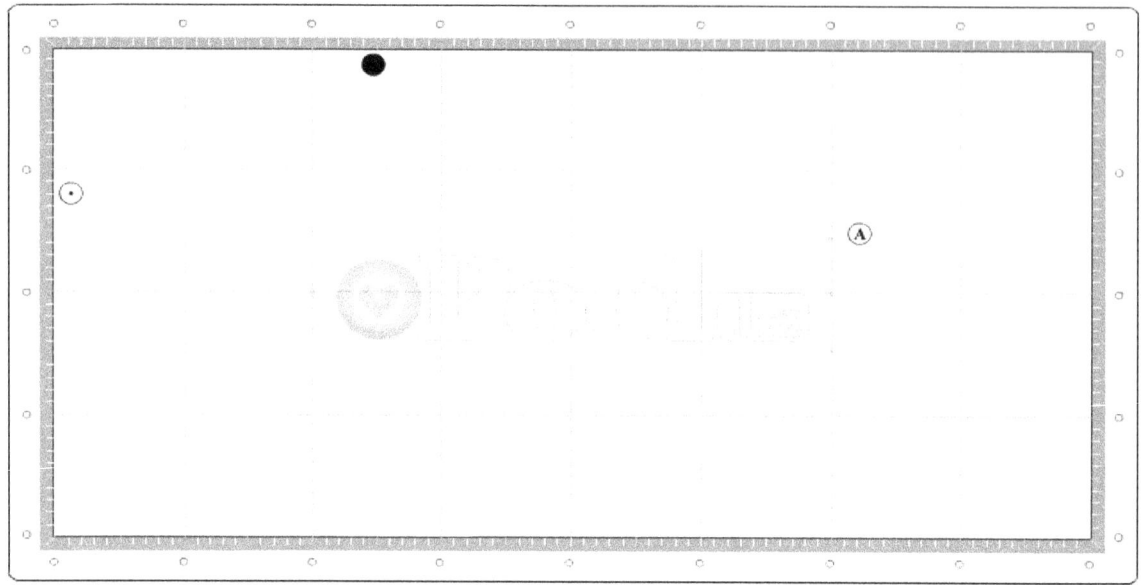

Notas e ideas:

Patrón de disparo

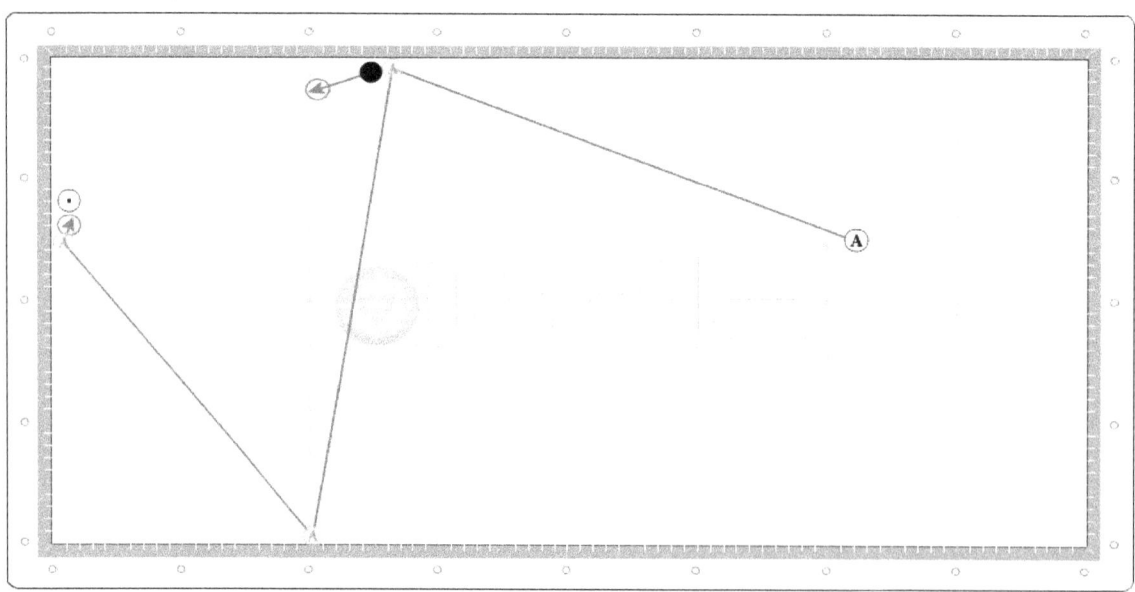

C:3b – Preparar

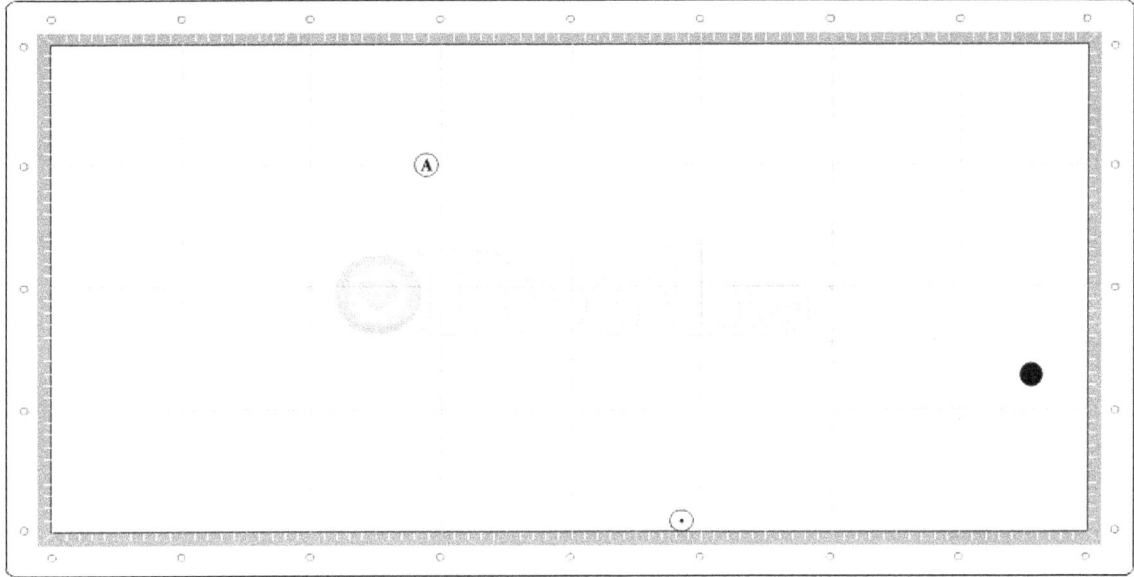

Notas e ideas:

Patrón de disparo

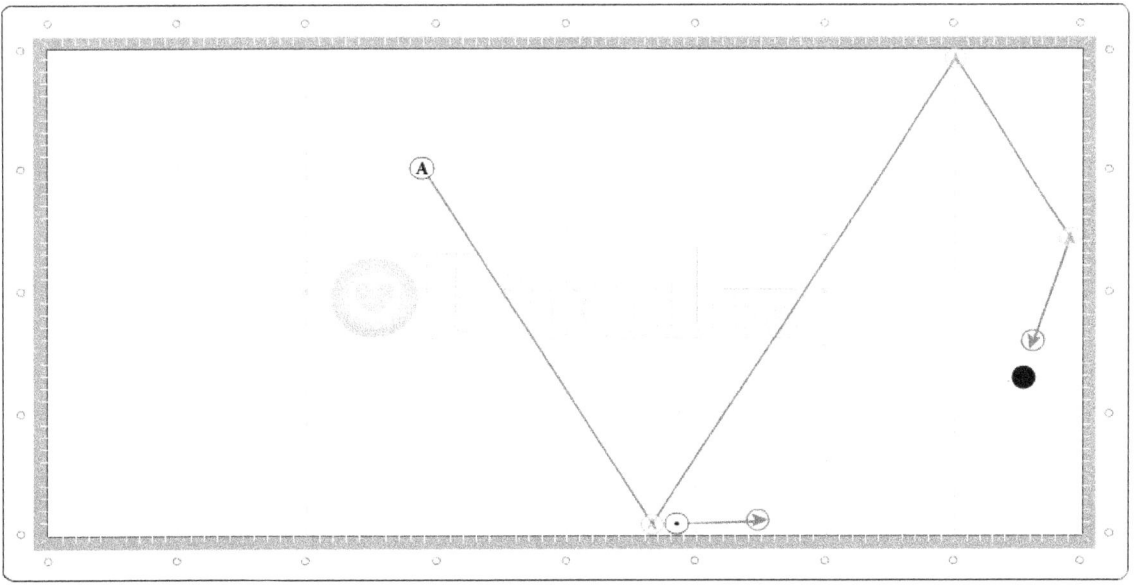

C:3c – Preparar

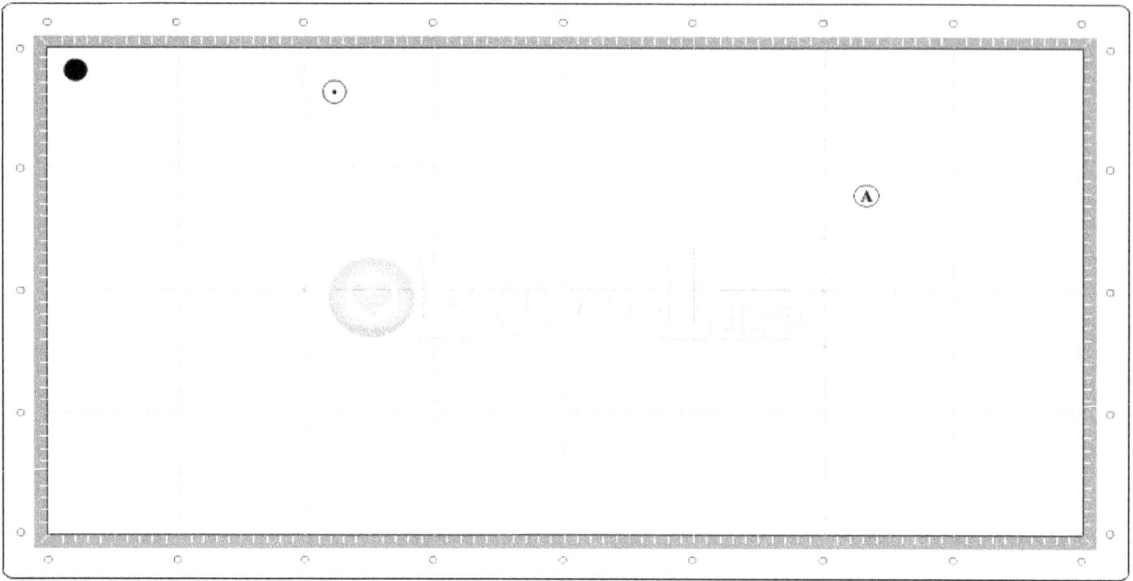

Notas e ideas:

Patrón de disparo

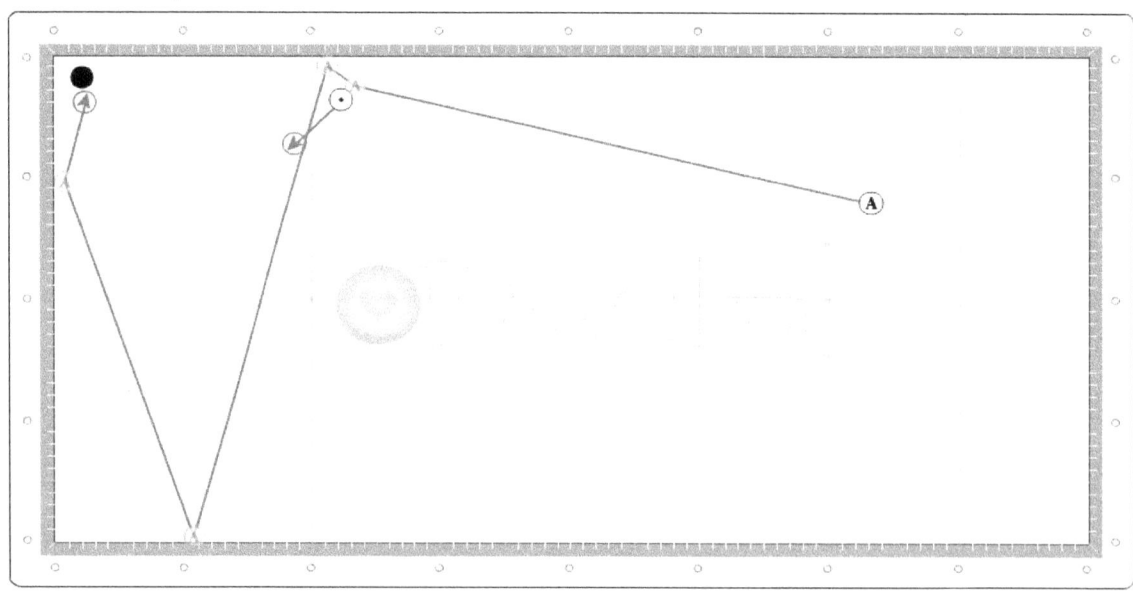

C:3d – Preparar

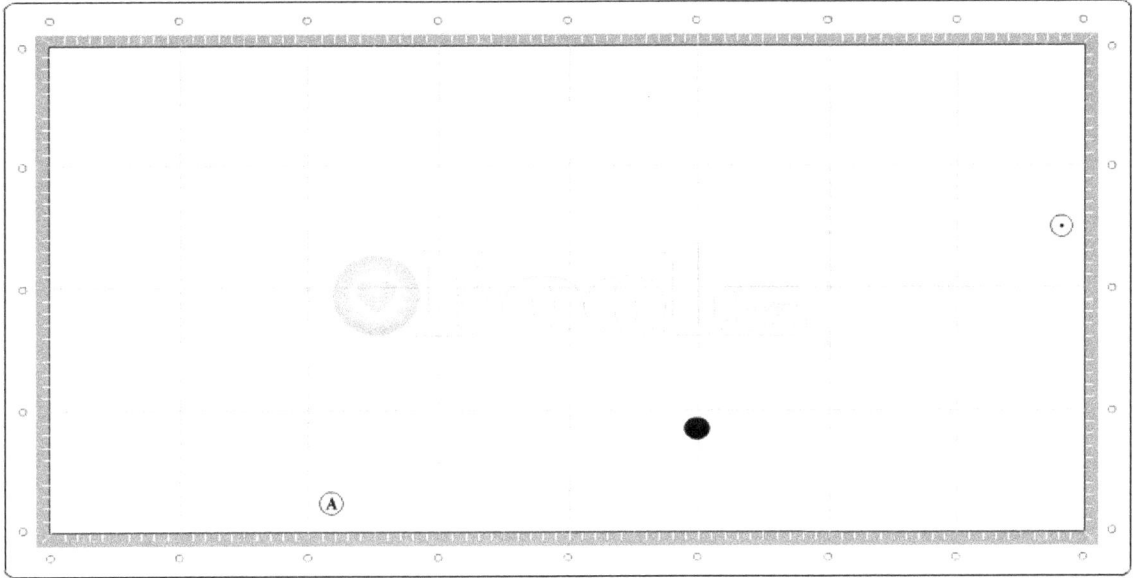

Notas e ideas:

Patrón de disparo

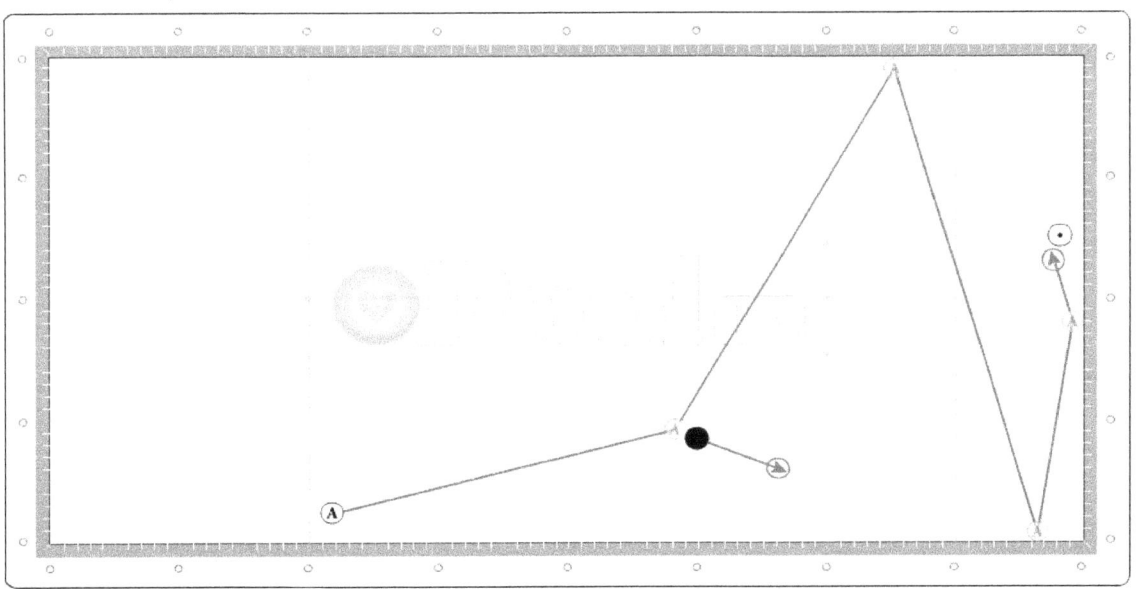

C: Grupo 4

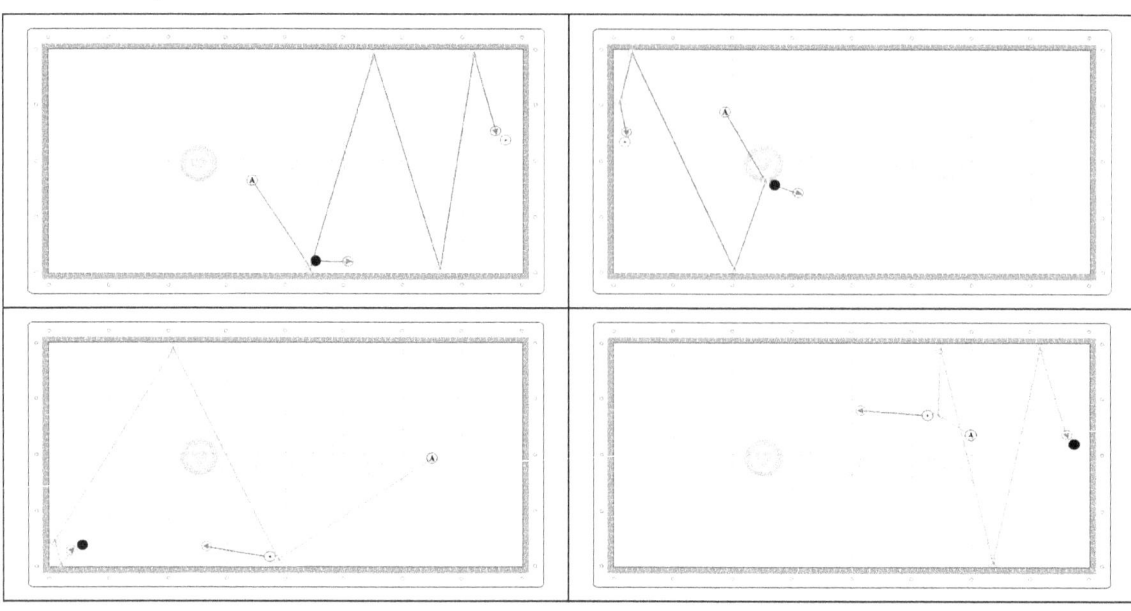

Análisis:

C:4a. _____

C:4b. _____

C:4c. _____

C:4d. _____

C:4a – Preparar

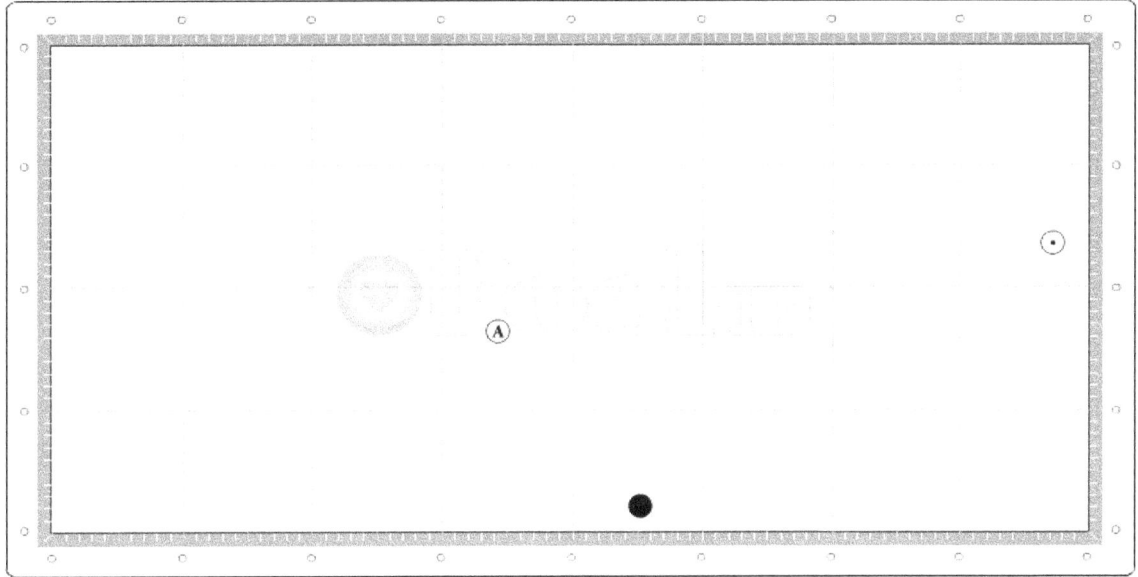

Notas e ideas:

Patrón de disparo

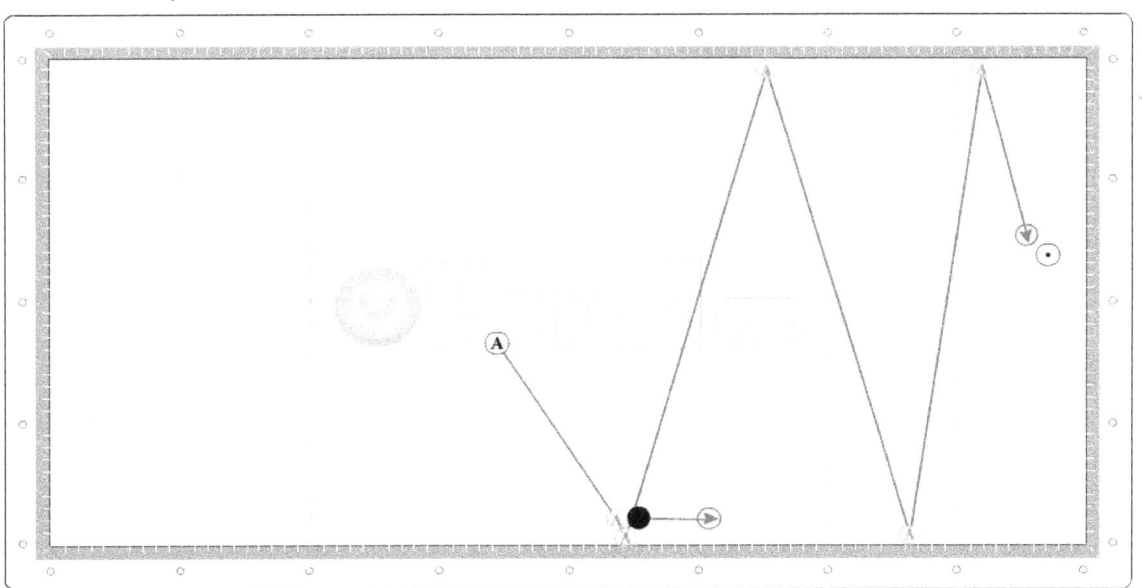

C:4b – Preparar

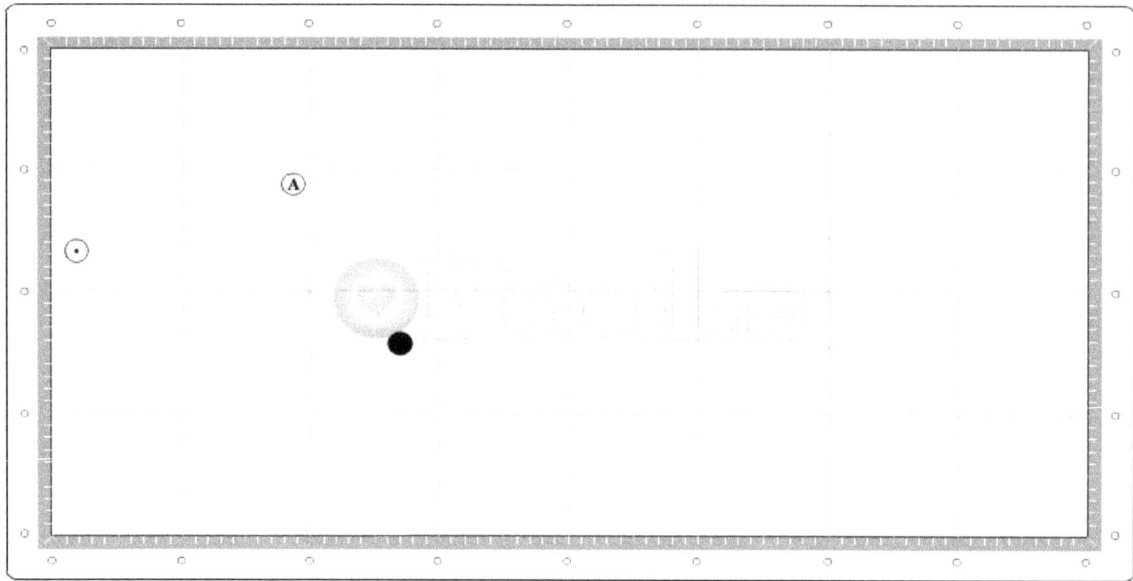

Notas e ideas:

Patrón de disparo

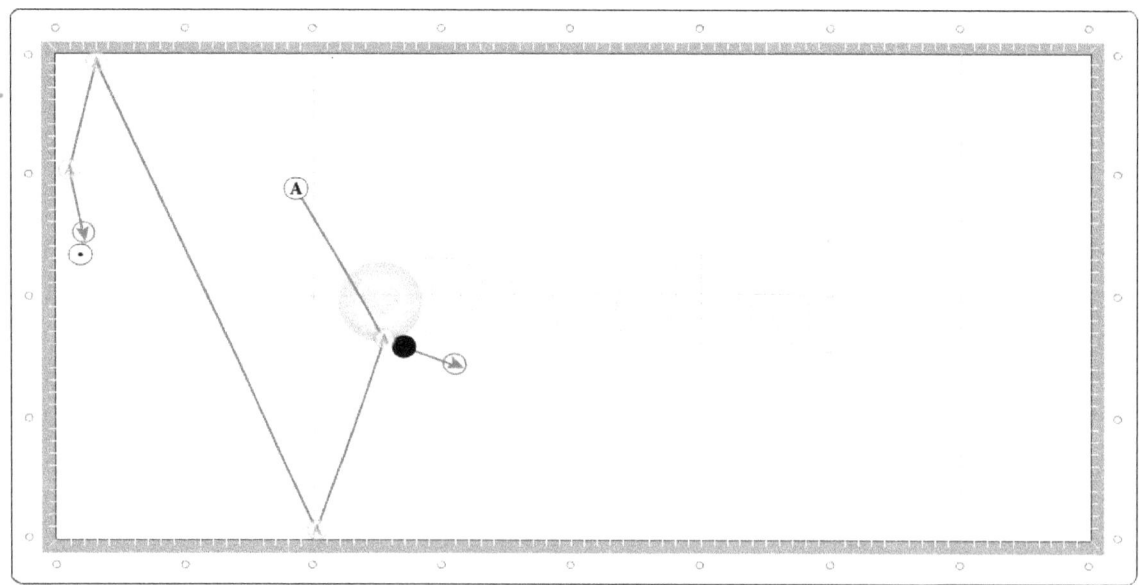

C:4c – Preparar

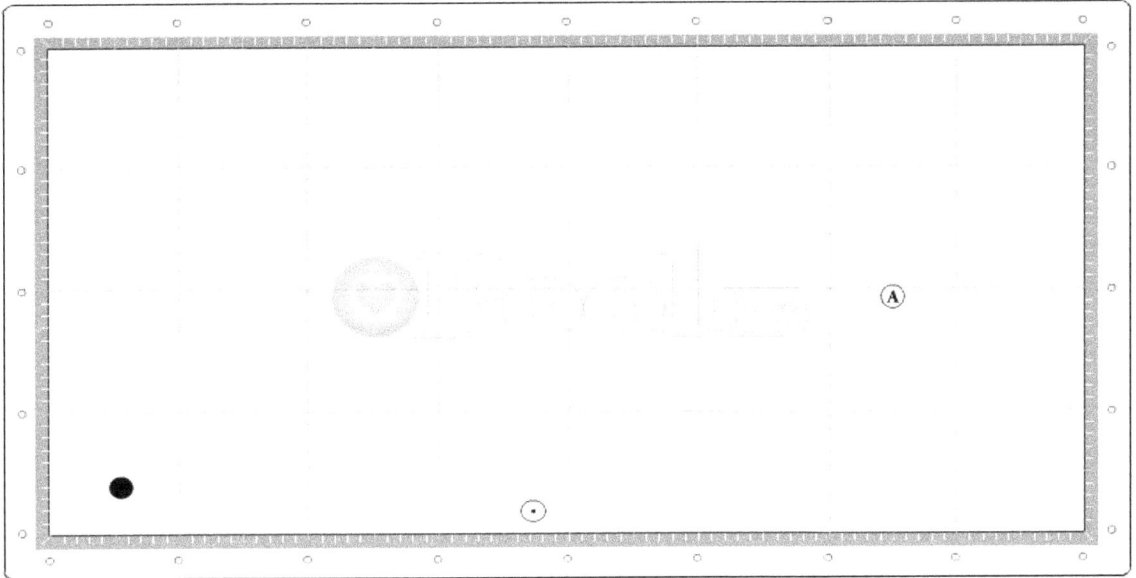

Notas e ideas:

Patrón de disparo

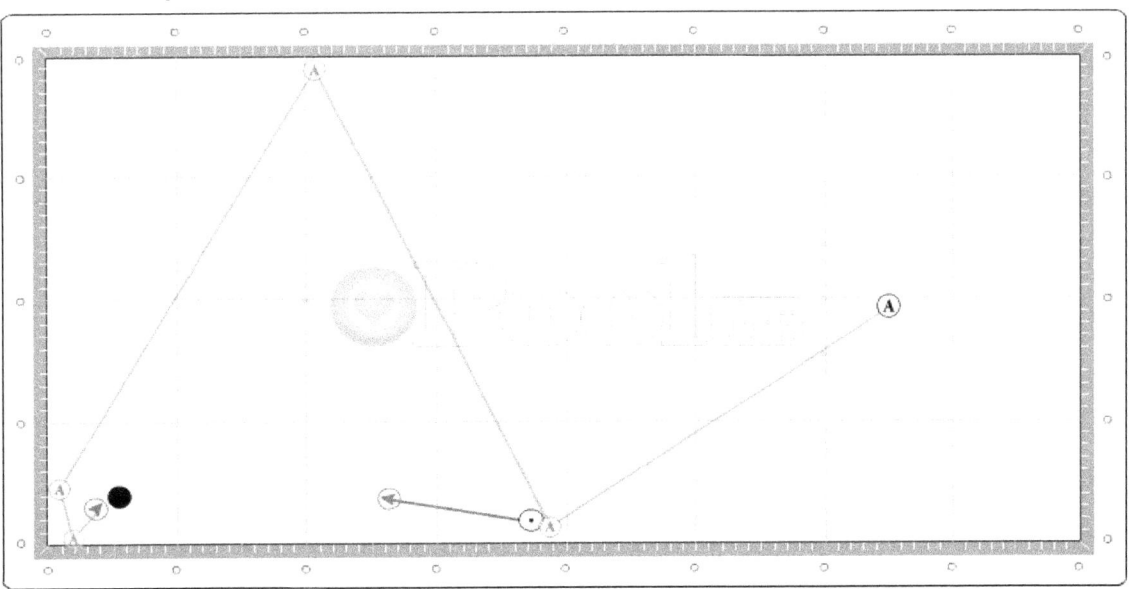

C:4d – Preparar

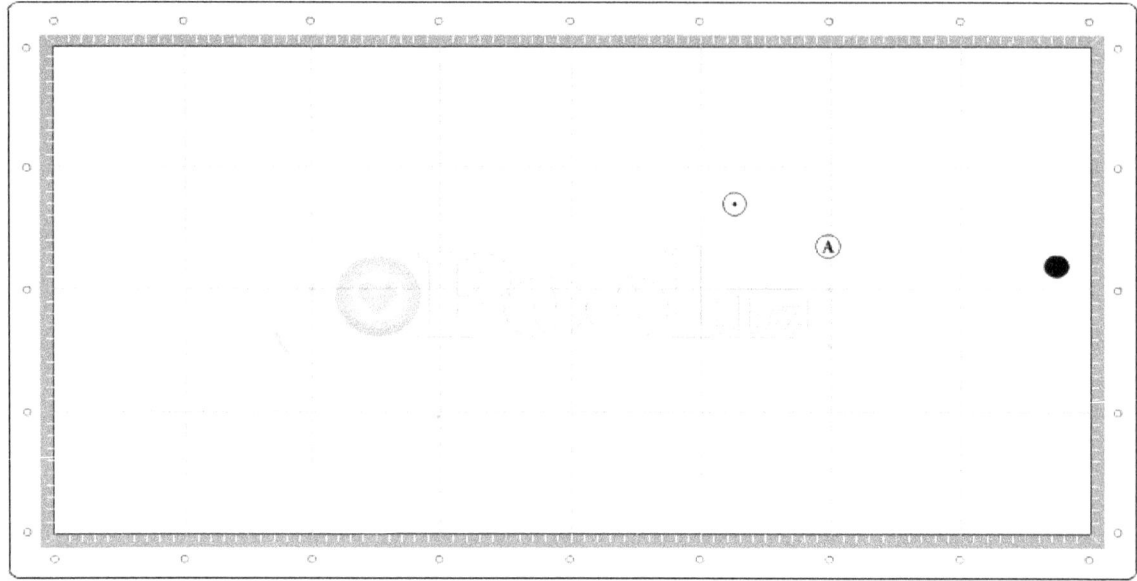

Notas e ideas:

Patrón de disparo

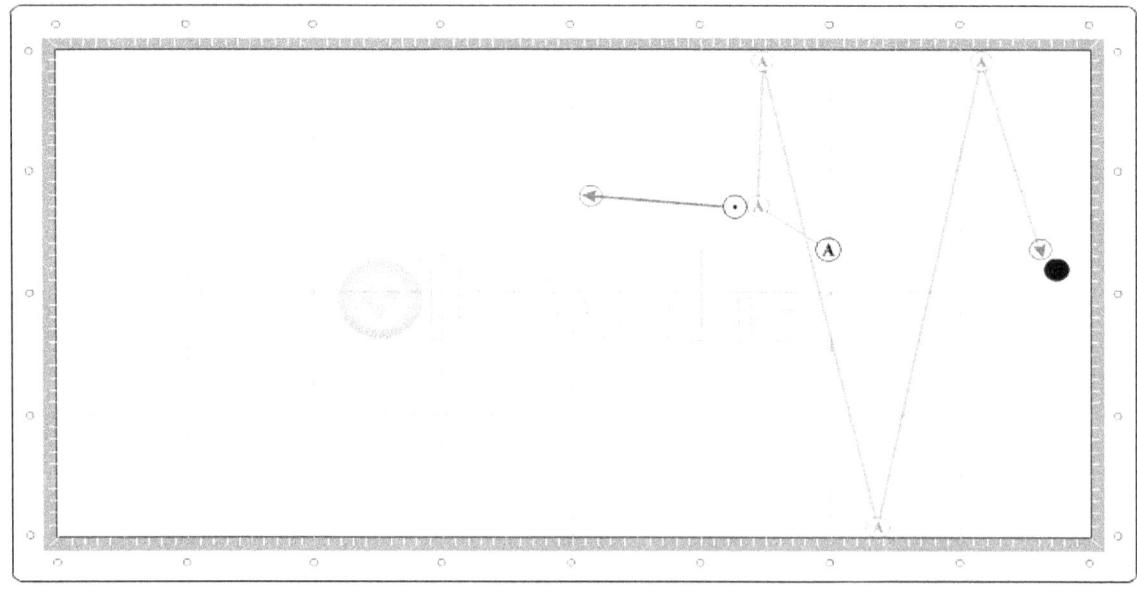

D: 3/4 mesa en zig-zag

Estos (CB) viajan a través de tres cuartos de la tabla.

Ⓐ (CB) (su bola de billar) - ⊙ (OB) (bola de billar oponente) - ● (OB) (bola de billar roja)

D: Grupo 1

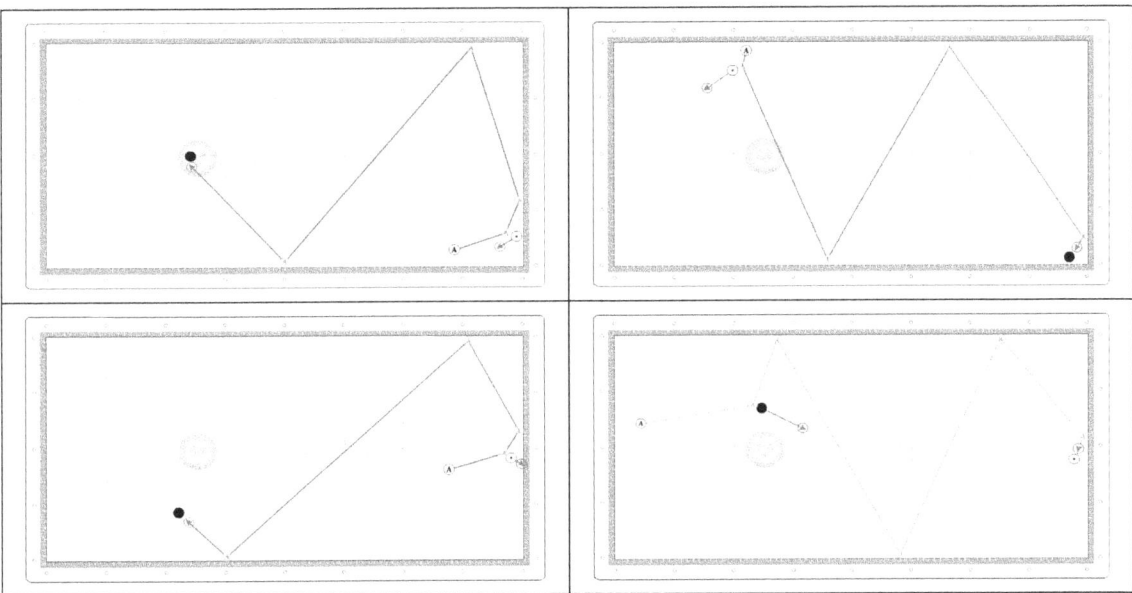

Análisis:

D:1a. _____

D:1b. _____

D:1c. _____

D:1d. _____

D:1a – Preparar

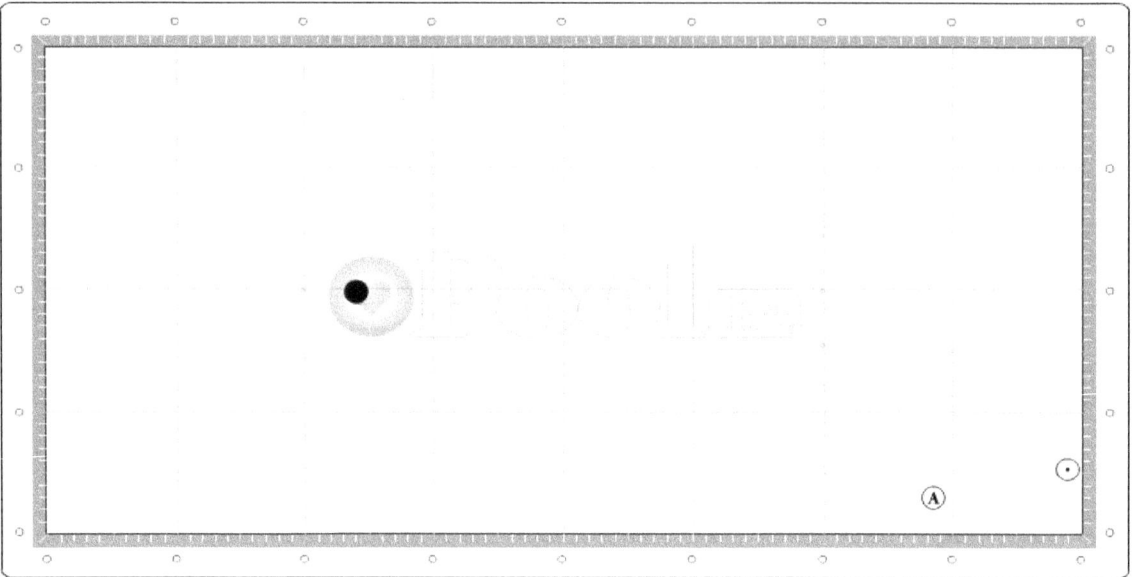

Notas e ideas:

Patrón de disparo

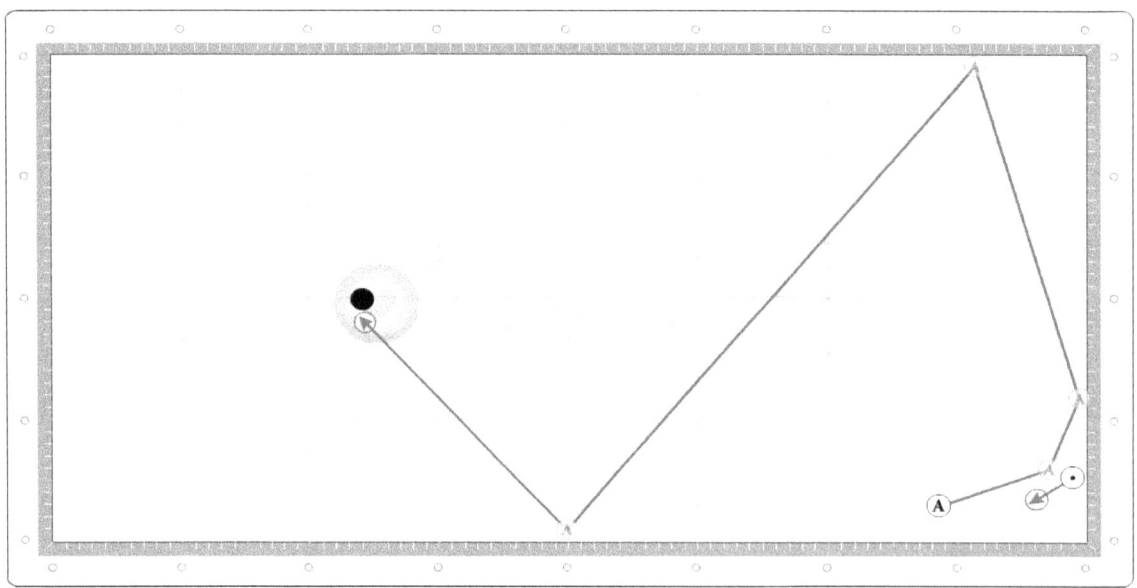

D:1b – Preparar

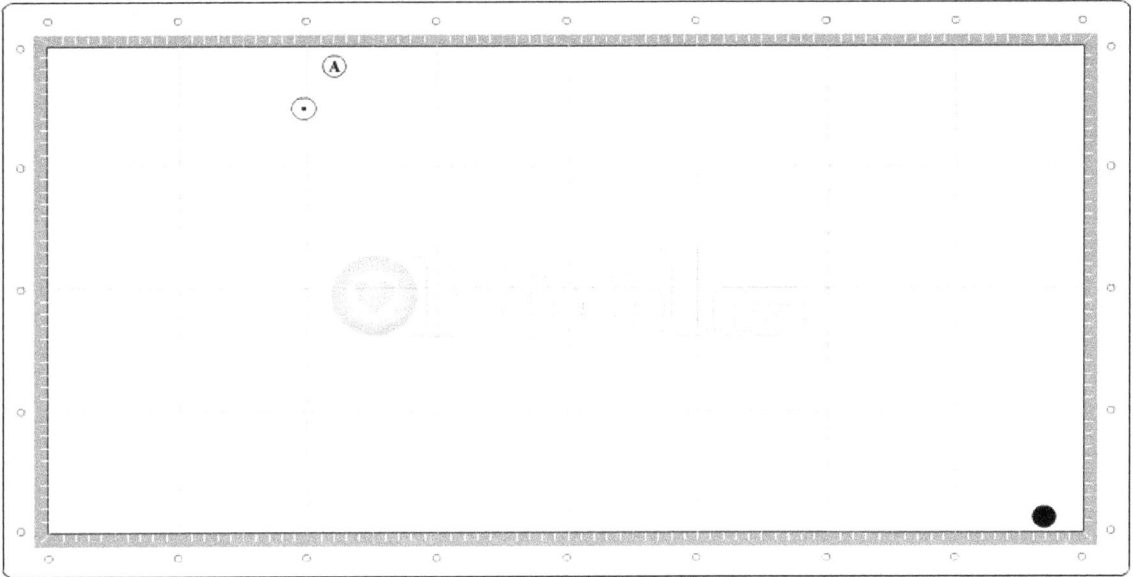

Notas e ideas:

Patrón de disparo

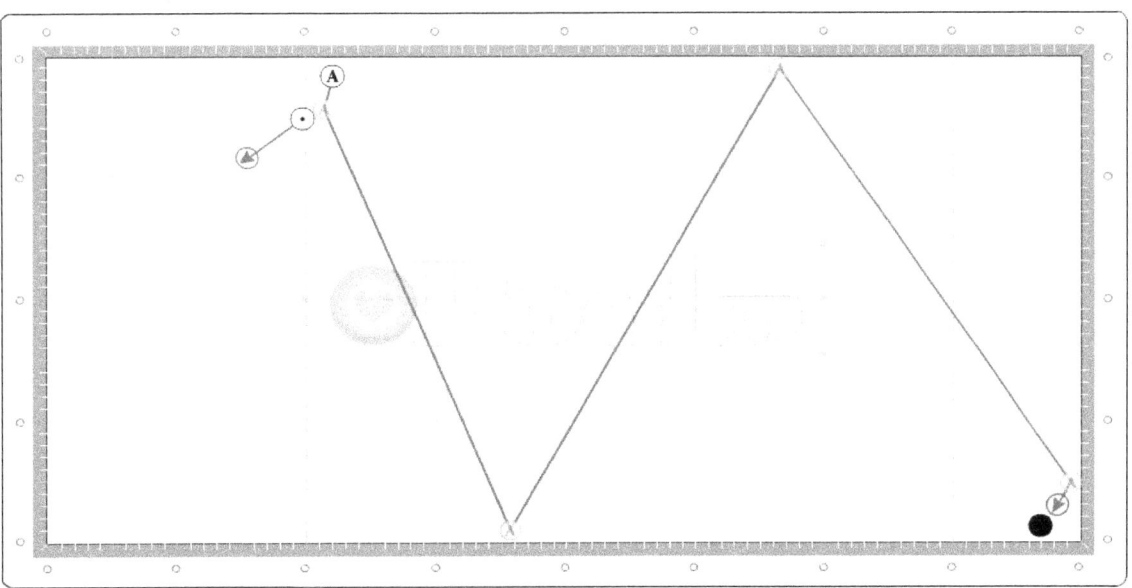

D:1c – Preparar

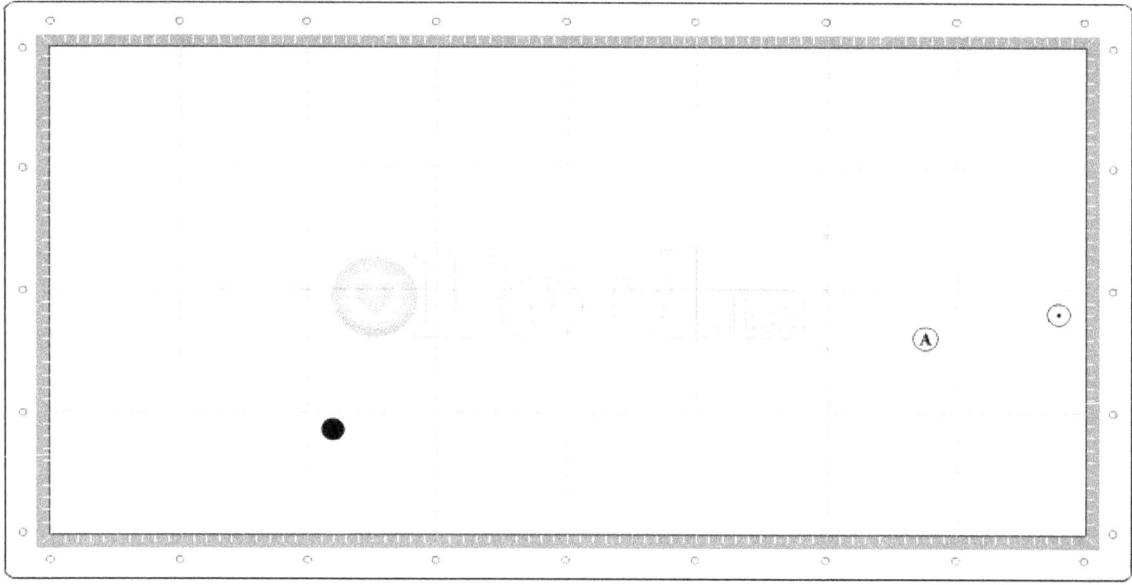

Notas e ideas:

Patrón de disparo

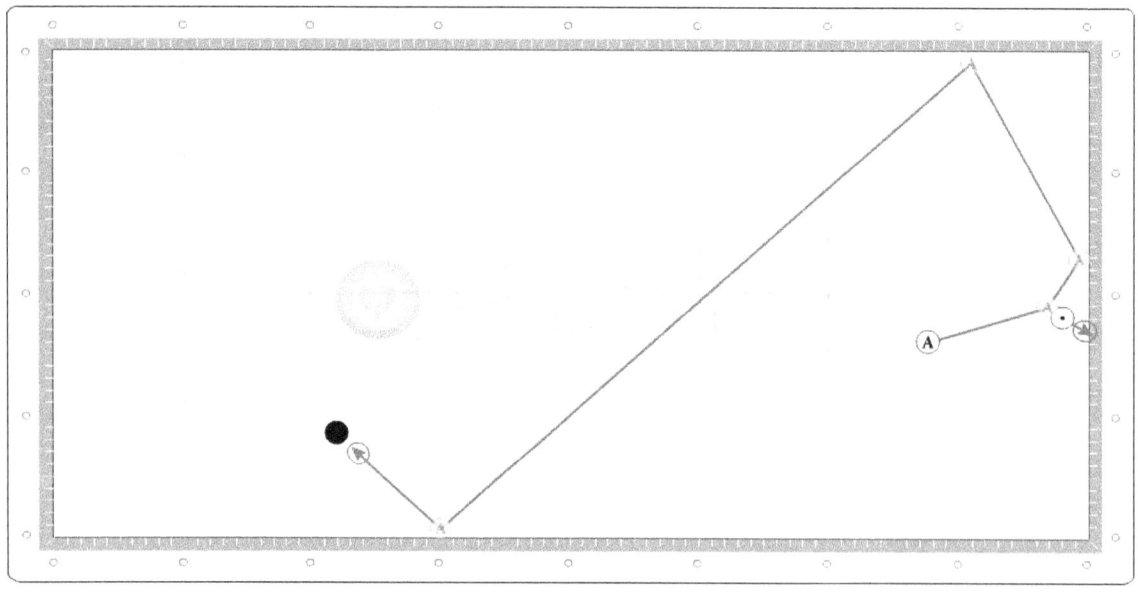

D:1d – Preparar

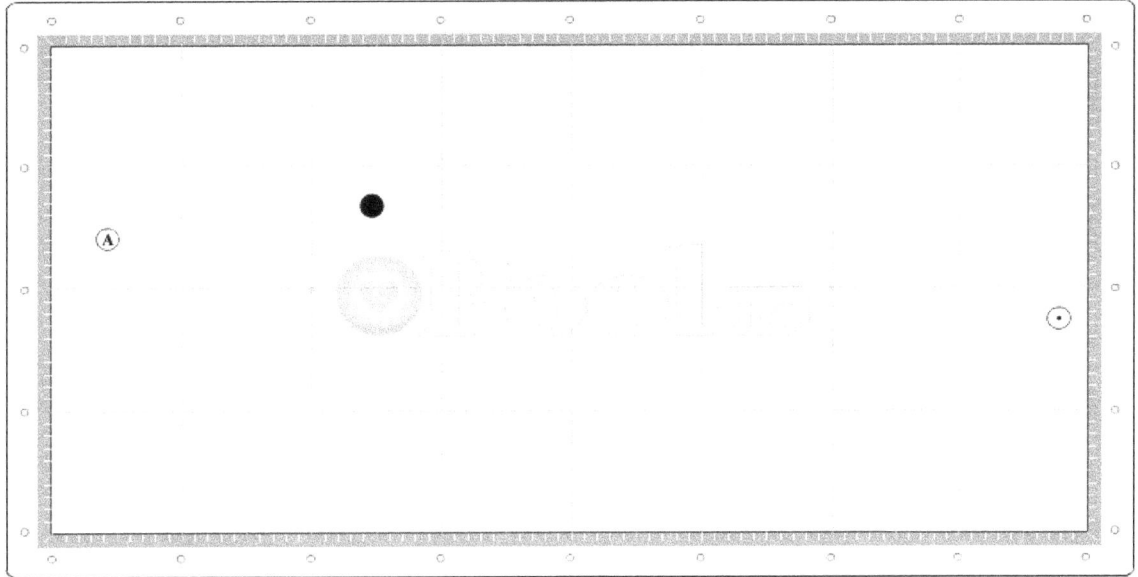

Notas e ideas:

Patrón de disparo

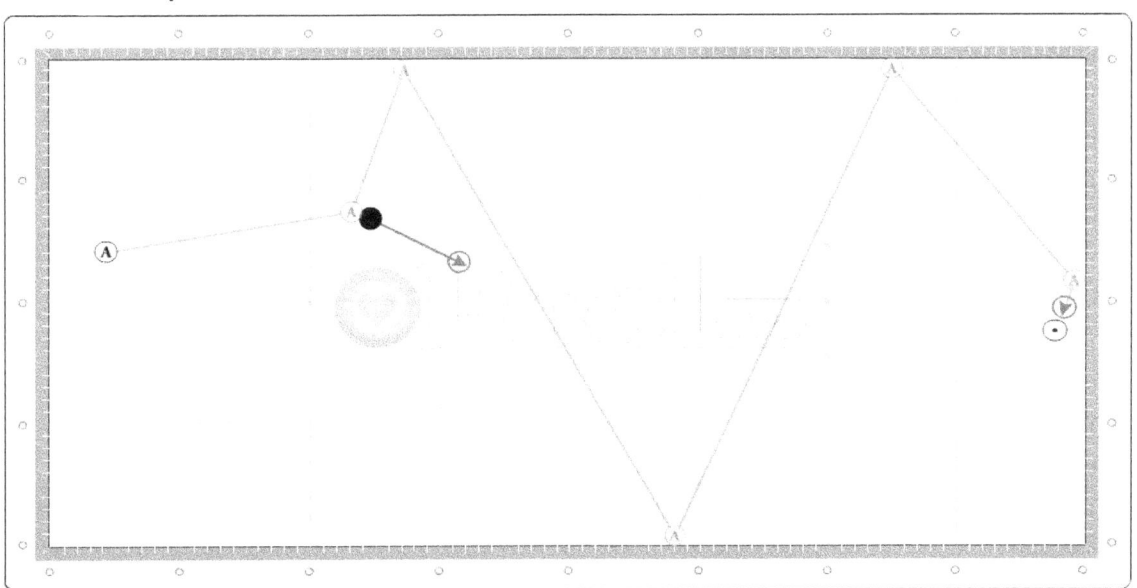

D: Grupo 2

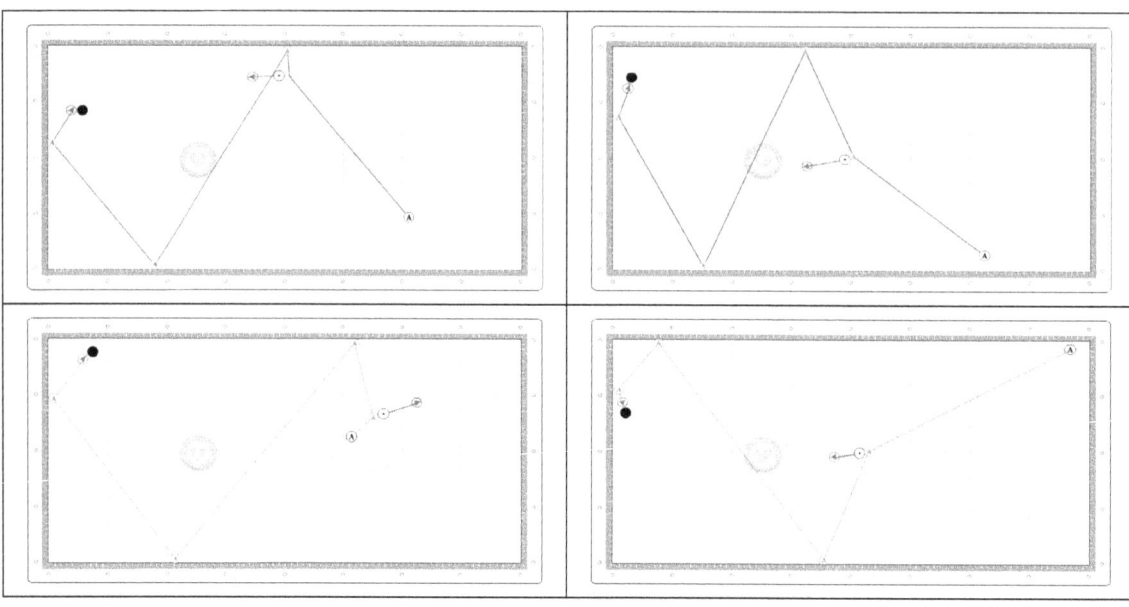

Análisis:

D:2a. _____

D:2b. _____

D:2c. _____

D:2d. _____

D:2a – Preparar

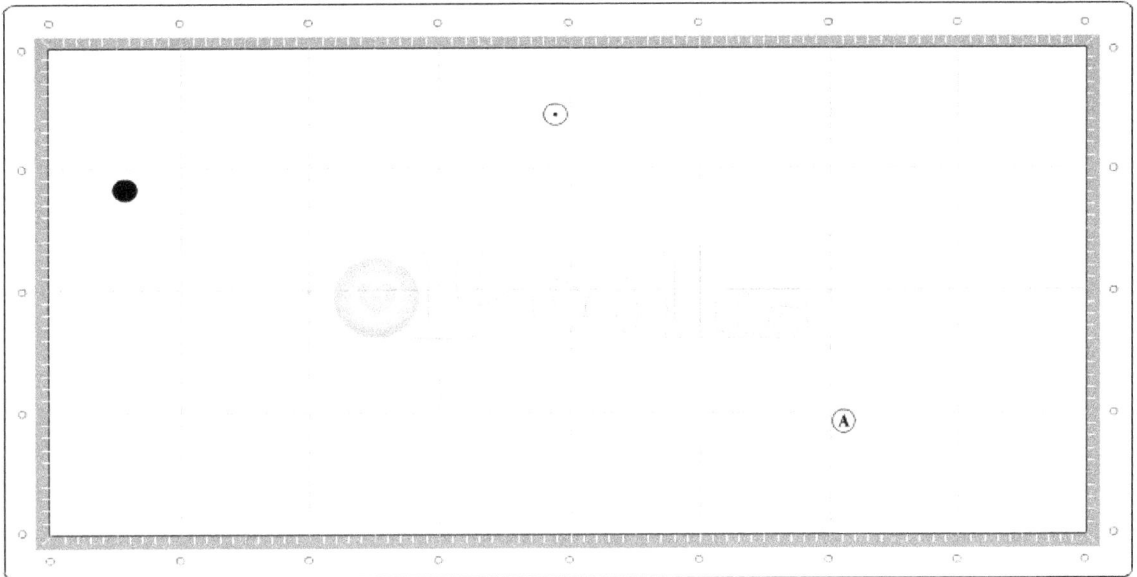

Notas e ideas:

Patrón de disparo

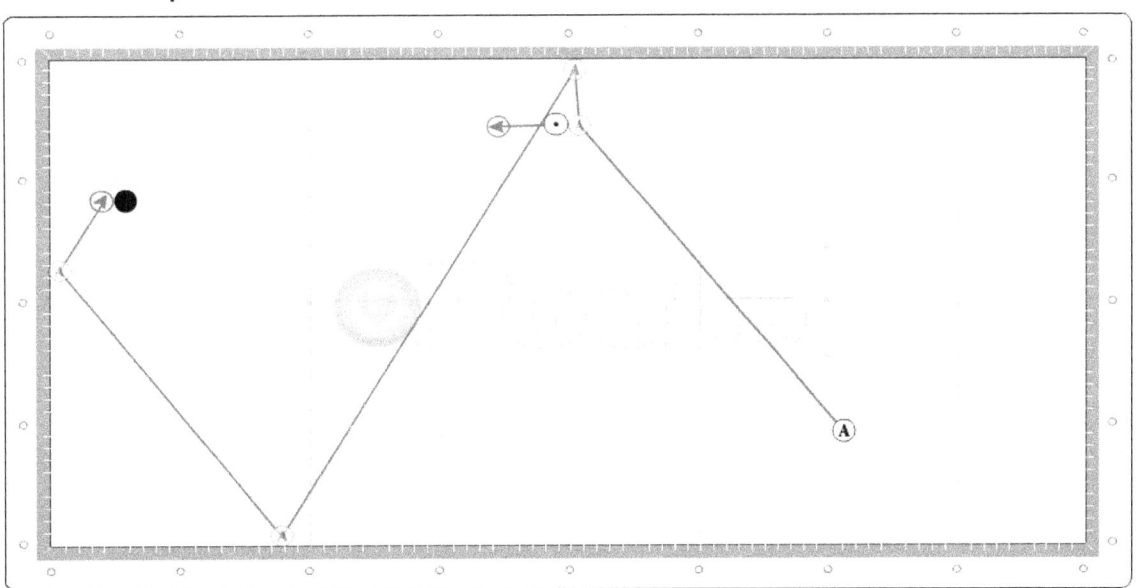

D:2b – Preparar

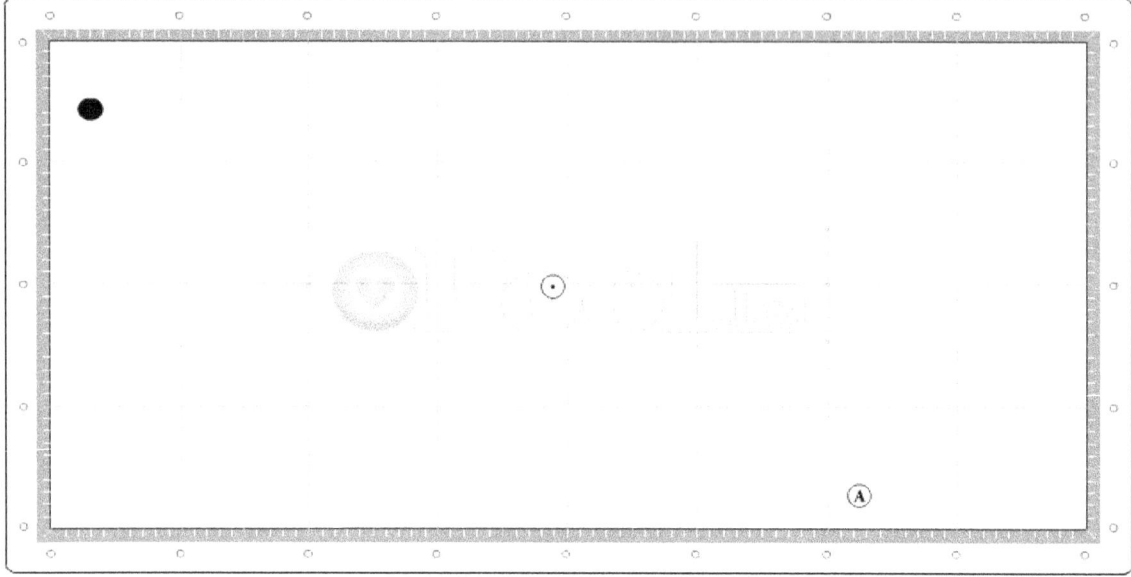

Notas e ideas:

Patrón de disparo

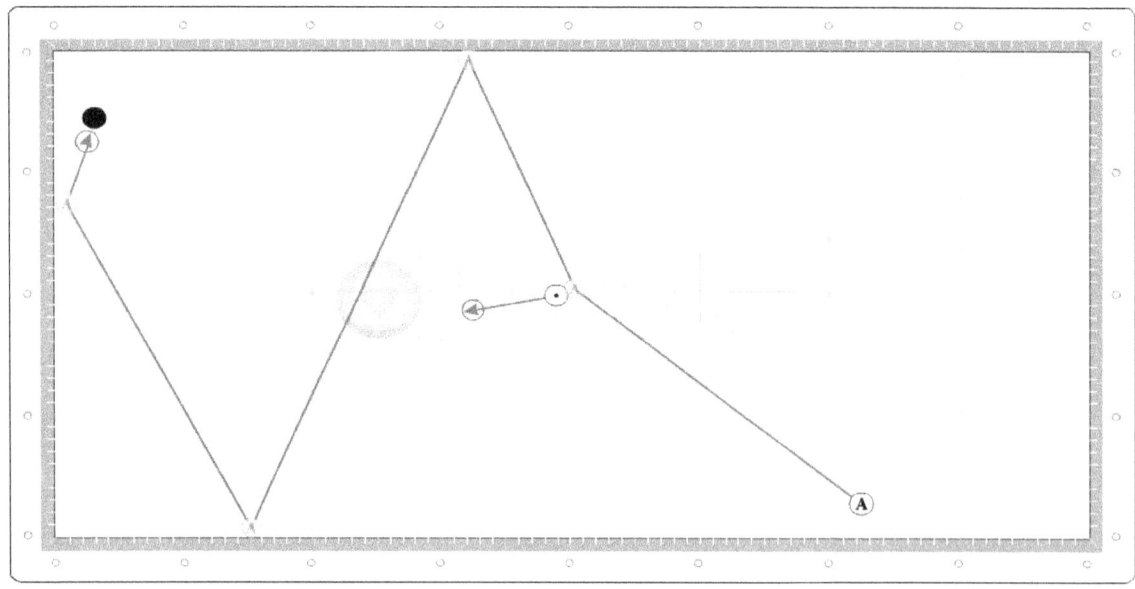

D:2c – Preparar

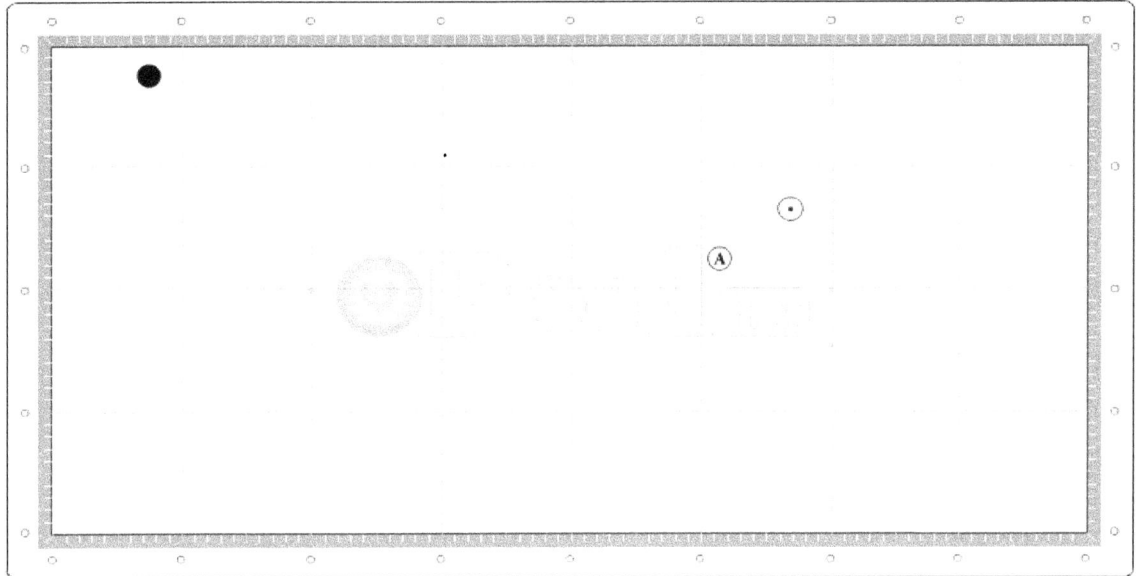

Notas e ideas:

Patrón de disparo

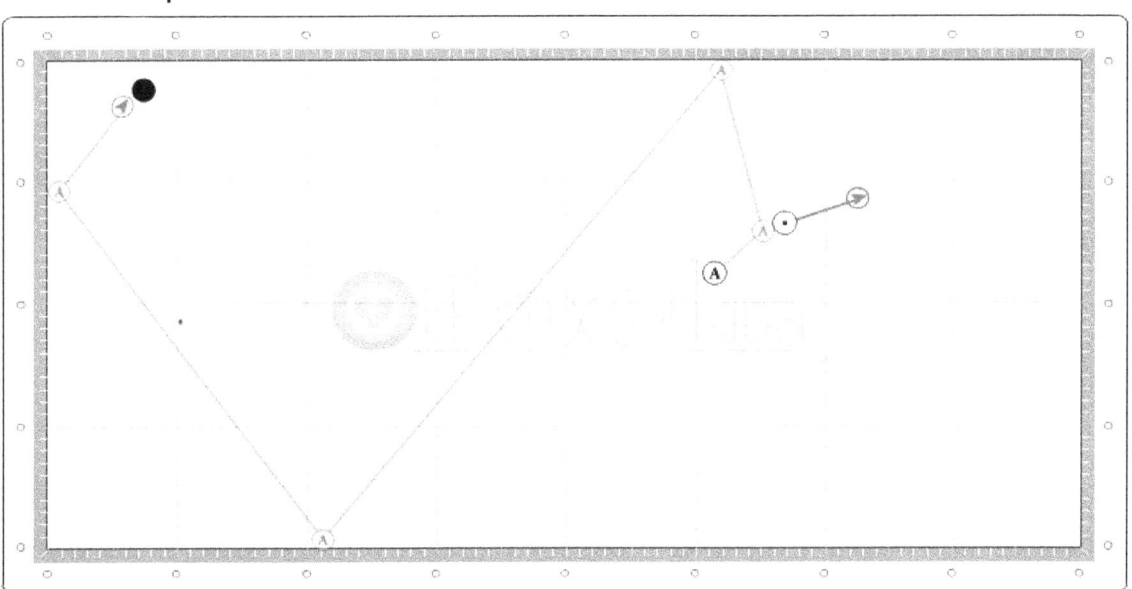

D:2d – Preparar

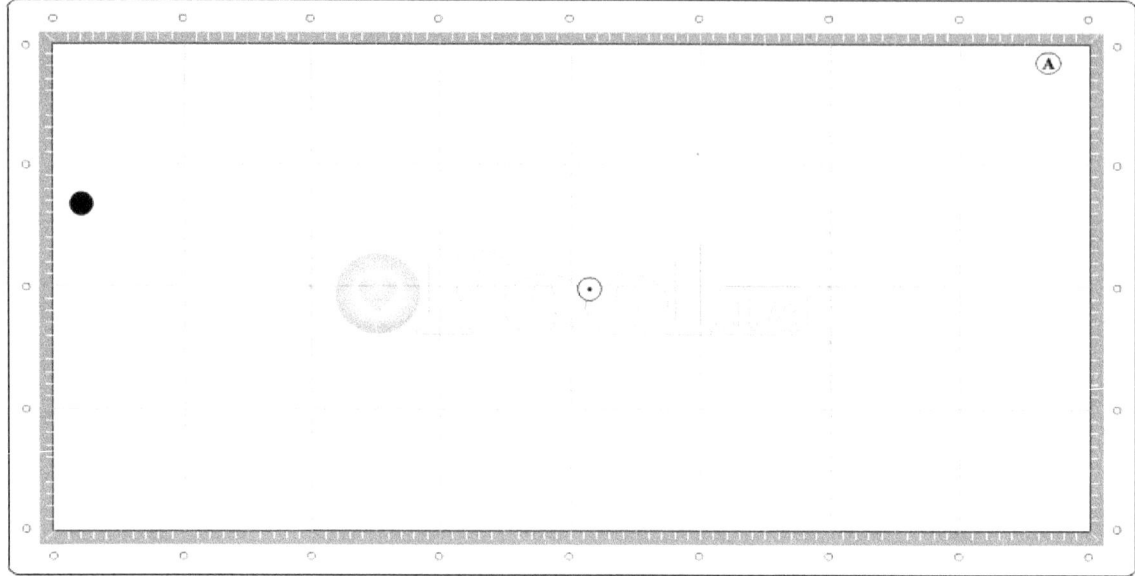

Notas e ideas:

Patrón de disparo

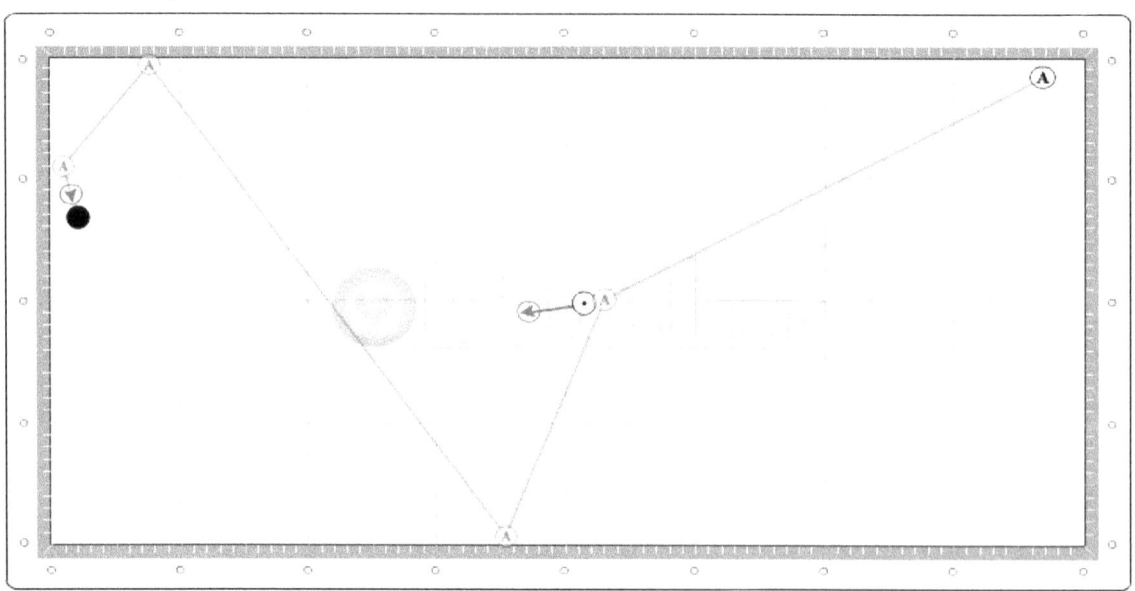

D: Grupo 3

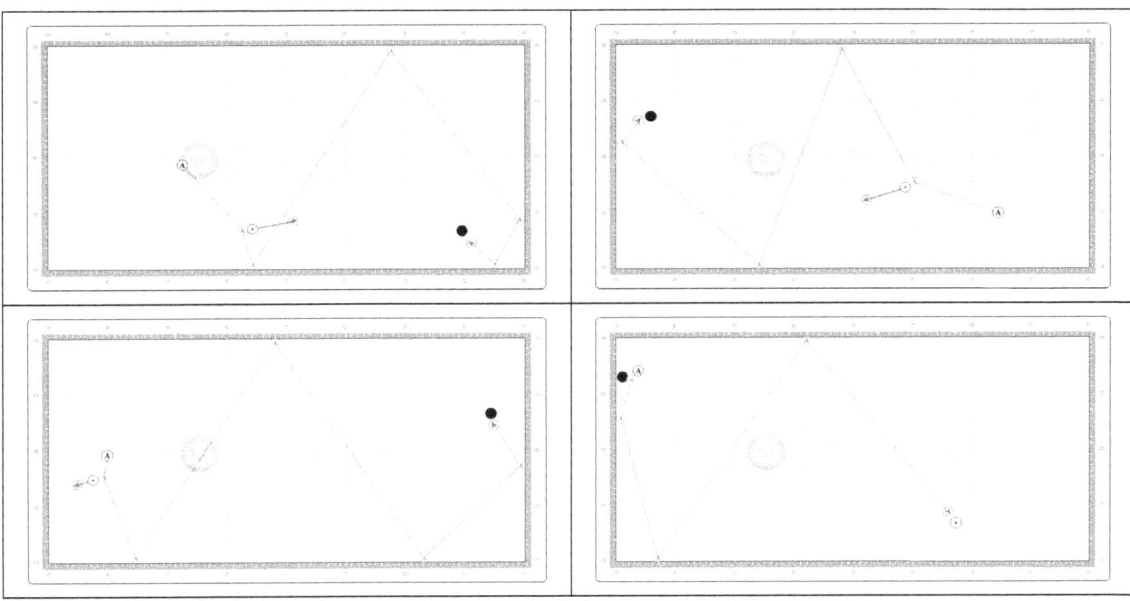

Análisis:

D:3a. _____

D:3b. _____

D:3c. _____

D:3d. _____

D:3a – Preparar

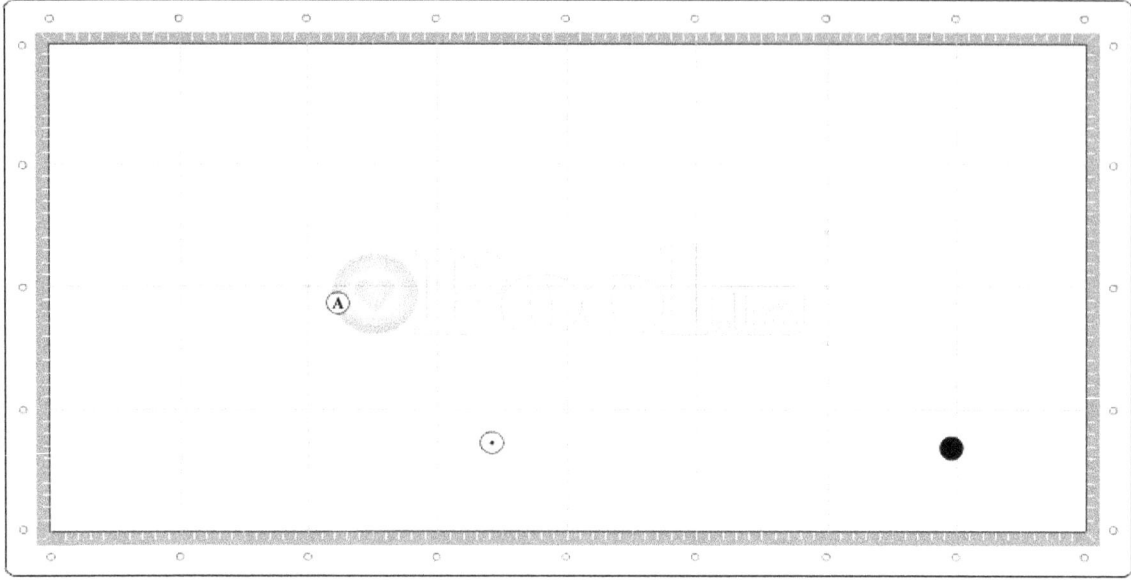

Notas e ideas:

Patrón de disparo

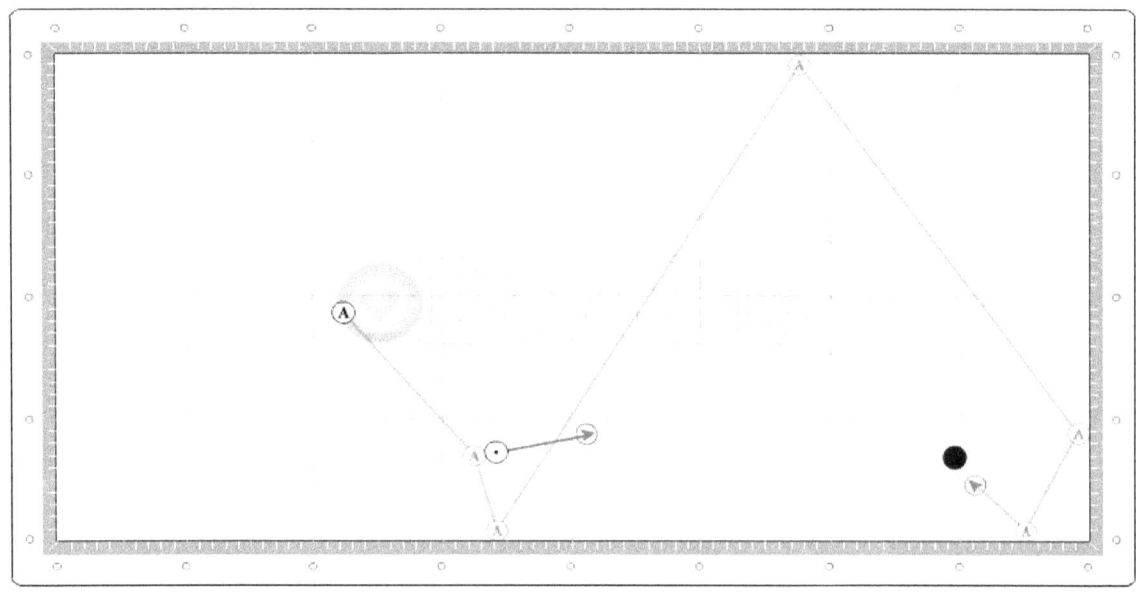

D:3b – Preparar

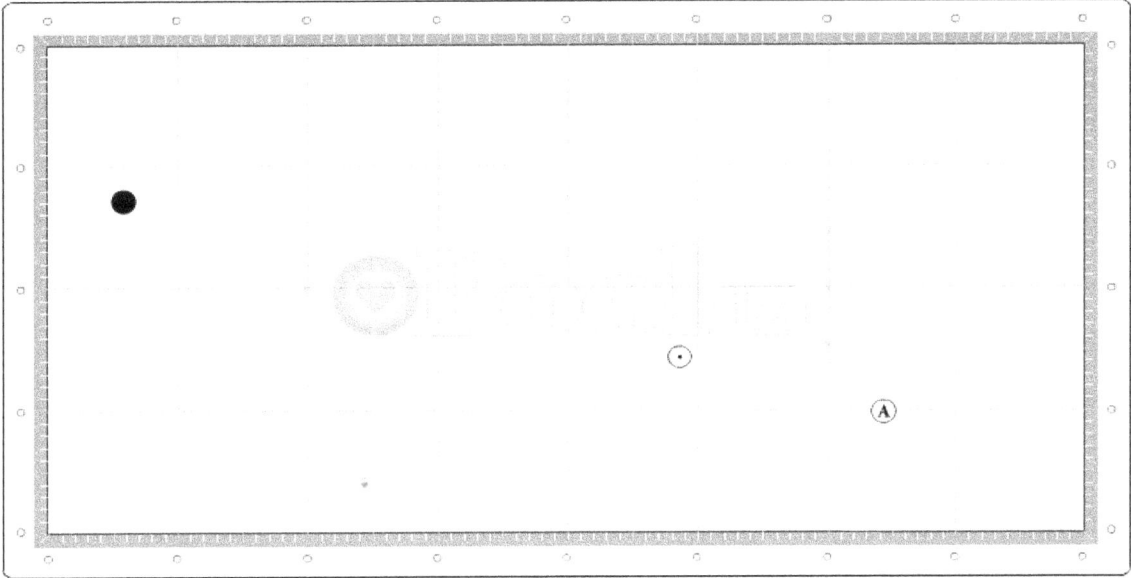

Notas e ideas:

Patrón de disparo

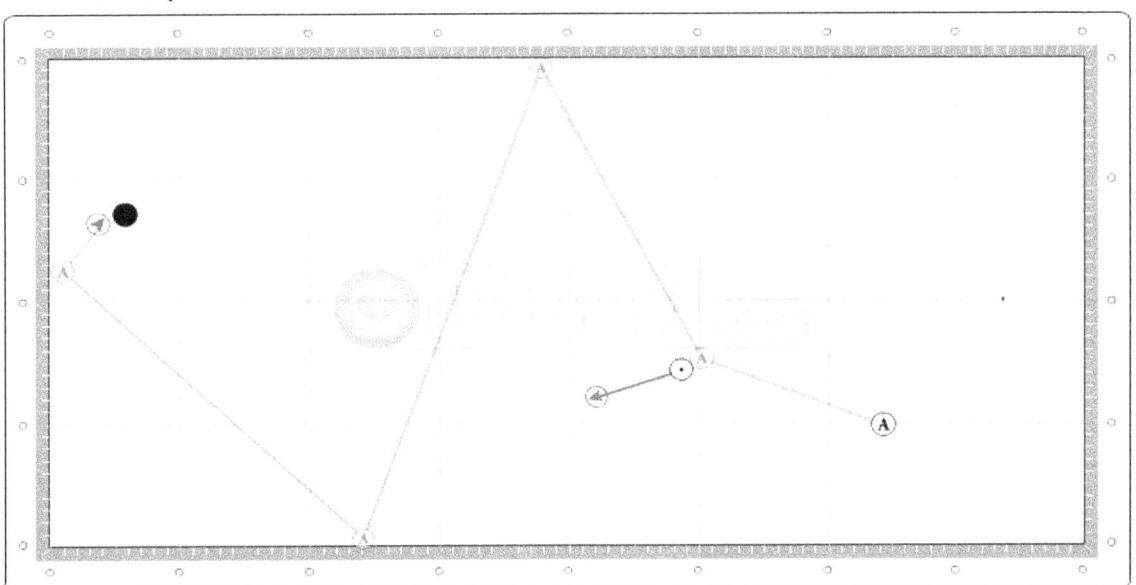

D:3c – Preparar

Notas e ideas:

Patrón de disparo

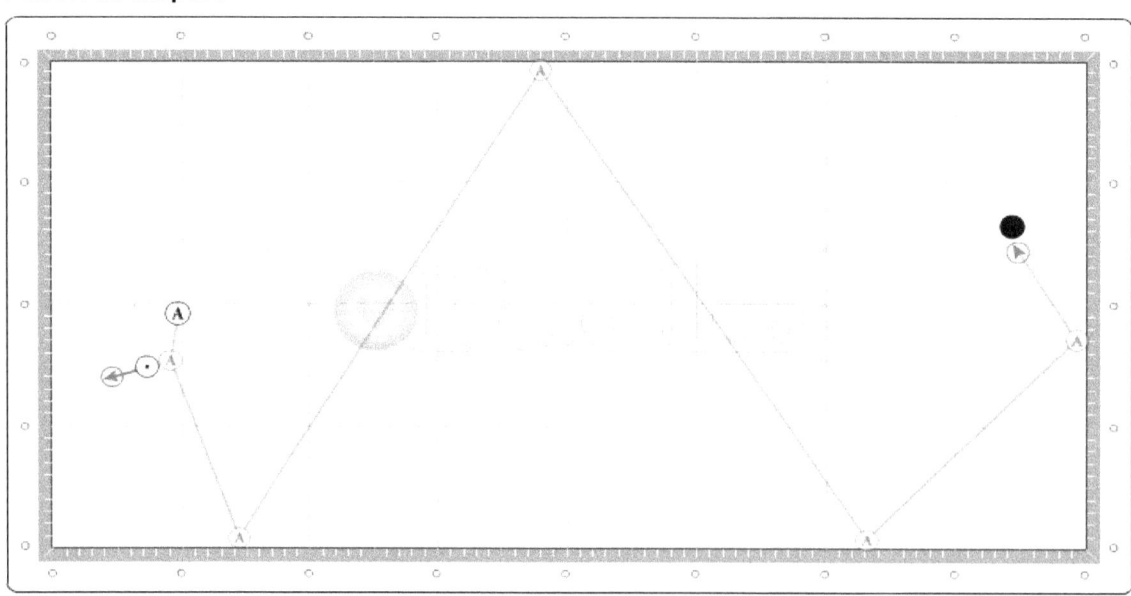

D:3d – Preparar

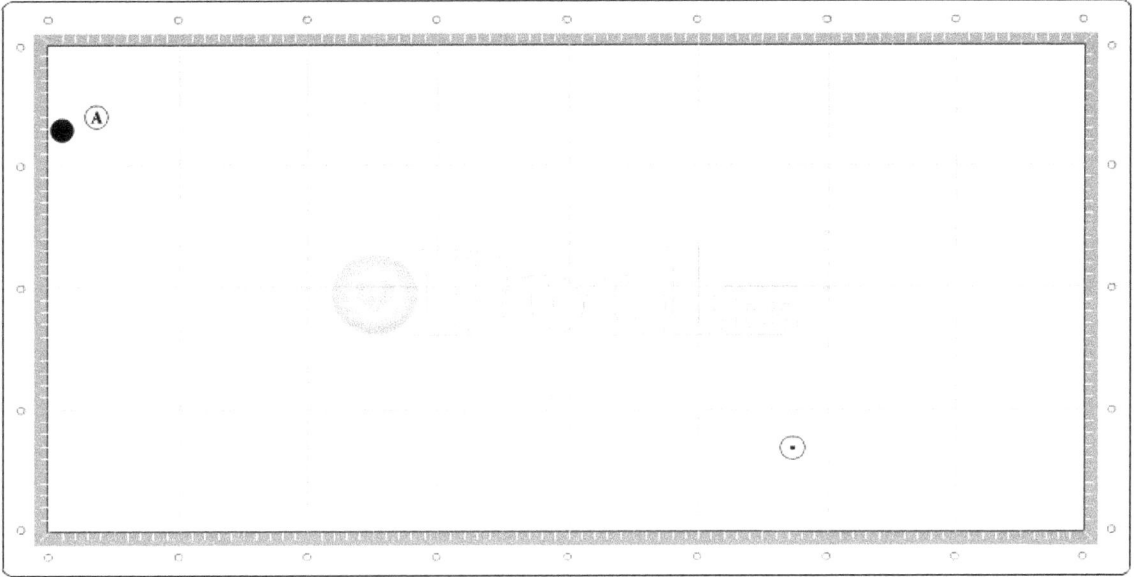

Notas e ideas:

Patrón de disparo

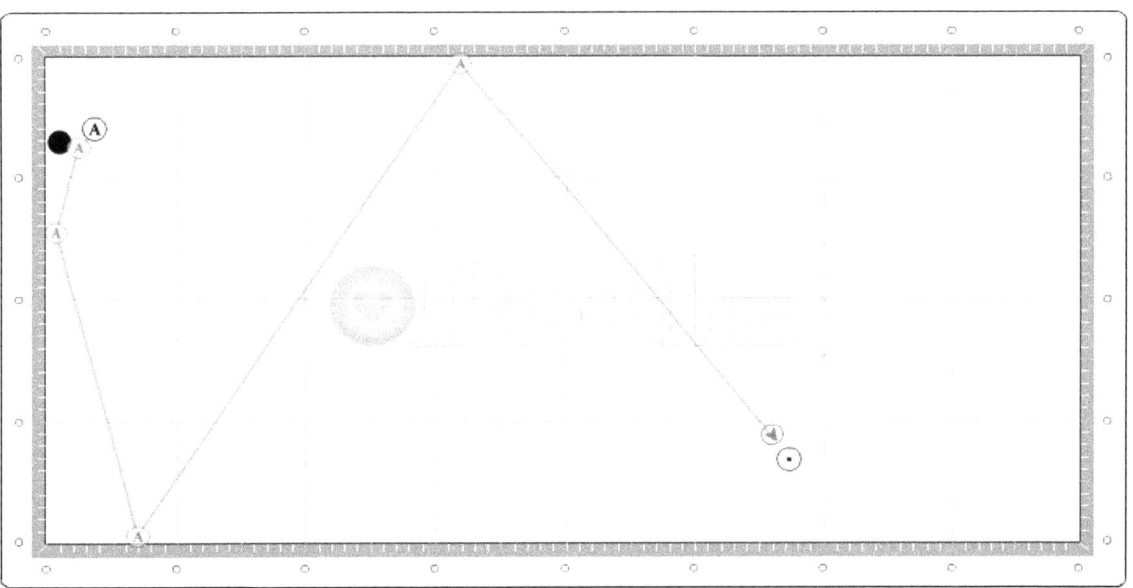

E: Mesa completa en zig-zag

El (CB) hace contacto con ambos bandos largos a medida que se desplaza a lo largo de toda la tabla.

Ⓐ (CB) (su bola de billar) - ⊙ (OB) (bola de billar oponente) - ● (OB) (bola de billar roja)

E: Grupo 1

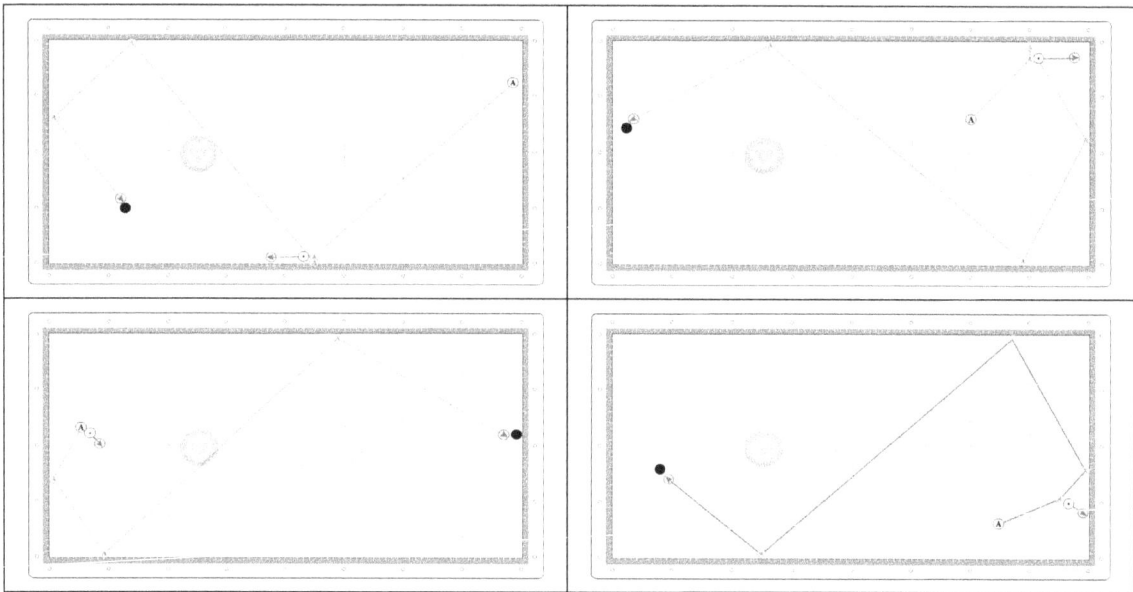

Análisis:

E:1a. _____

E:1b. _____

E:1c. _____

E:1d. _____

E:1a – Preparar

Notas e ideas:

Patrón de disparo

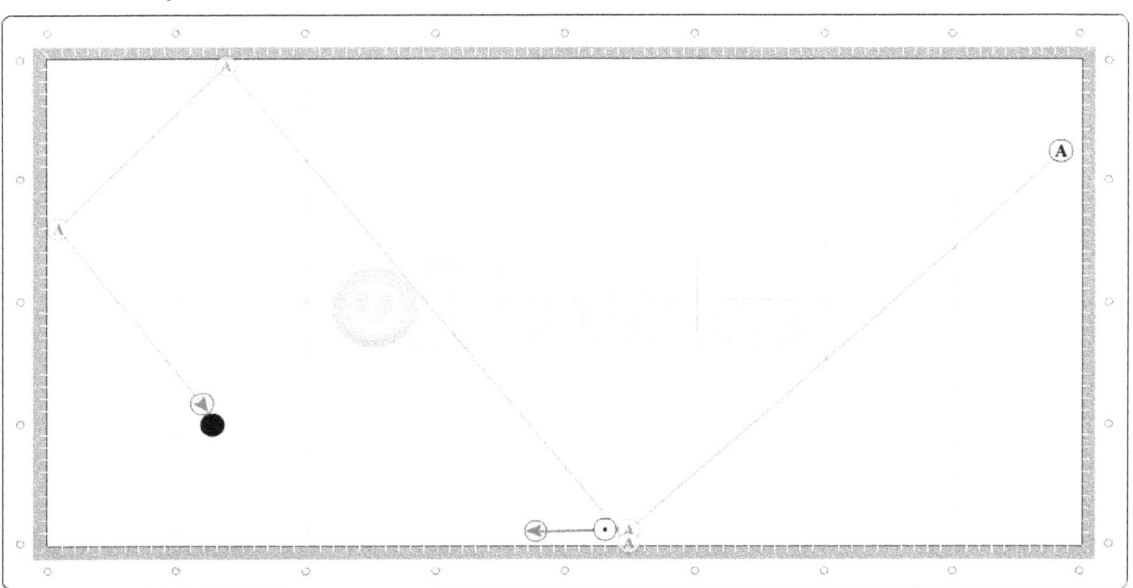

E:1b – Preparar

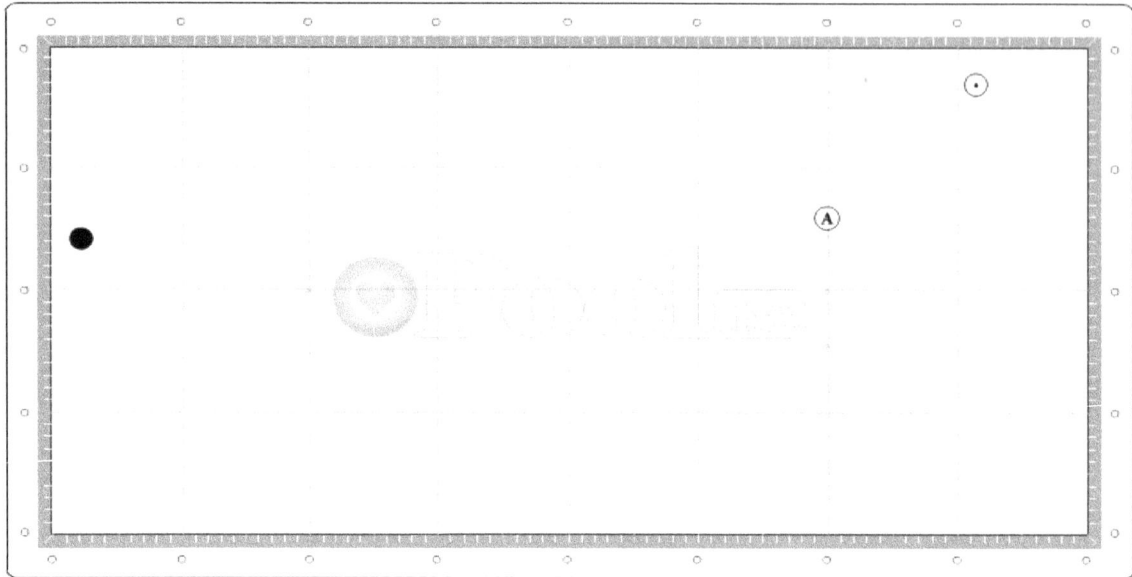

Notas e ideas:

Patrón de disparo

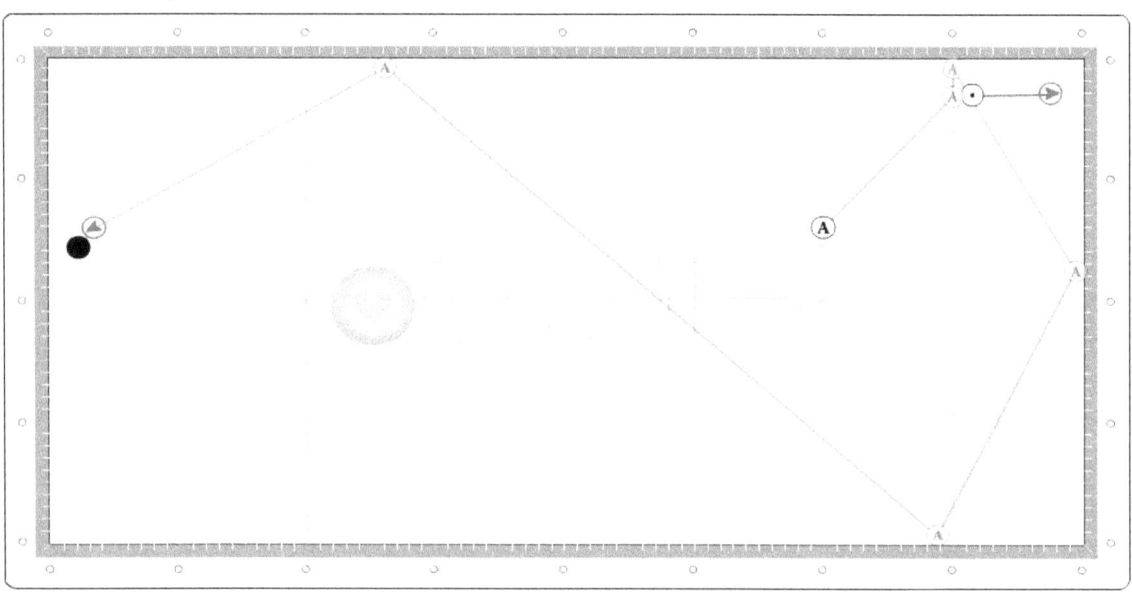

E:1c – Preparar

Notas e ideas:

Patrón de disparo

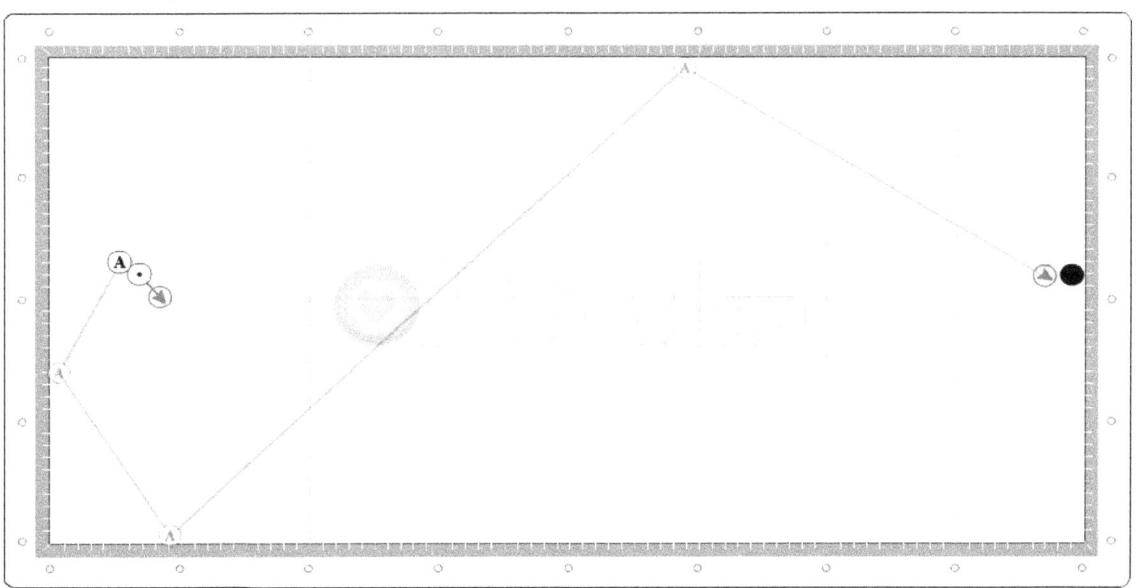

E:1d – Preparar

Notas e ideas:

Patrón de disparo

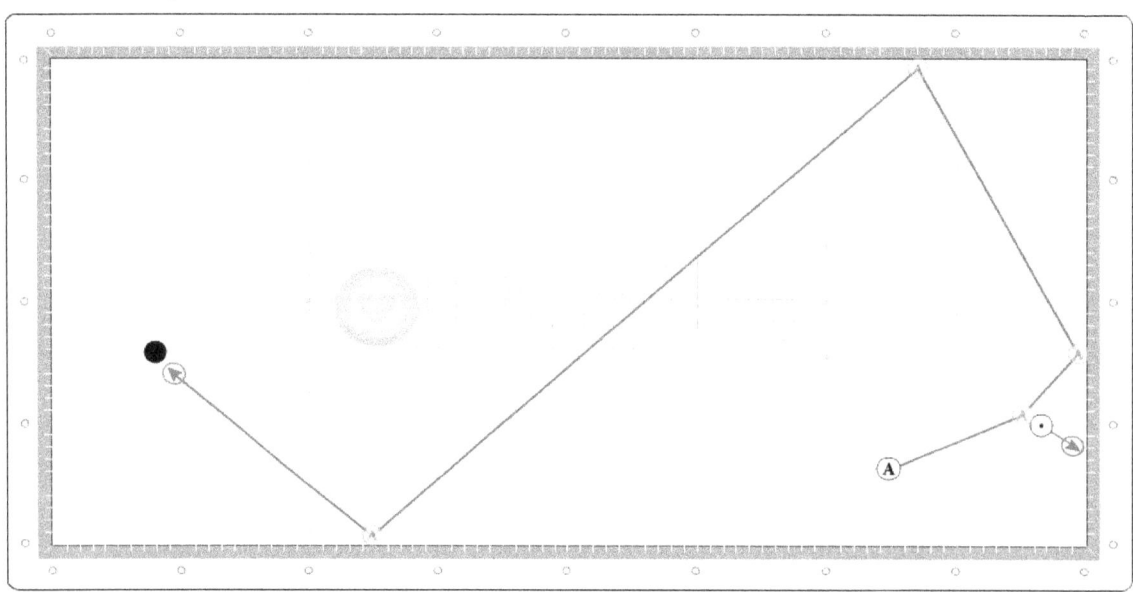

E: Grupo 2

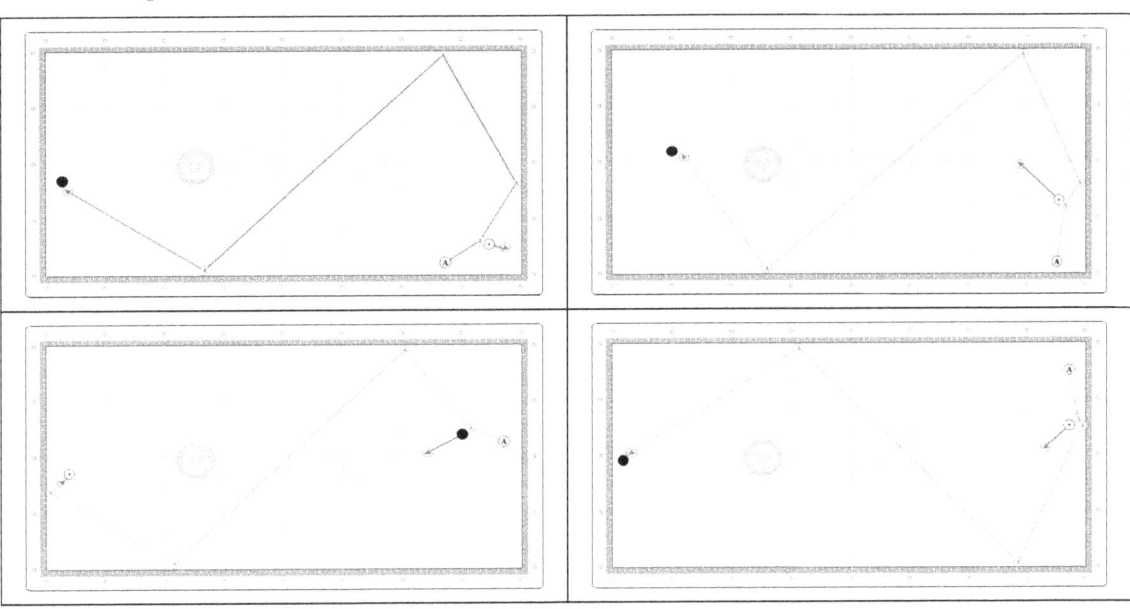

Análisis:

E:2a. _____

E:2b. _____

E:2c. _____

E:2d. _____

E:2a – Preparar

Notas e ideas:

Patrón de disparo

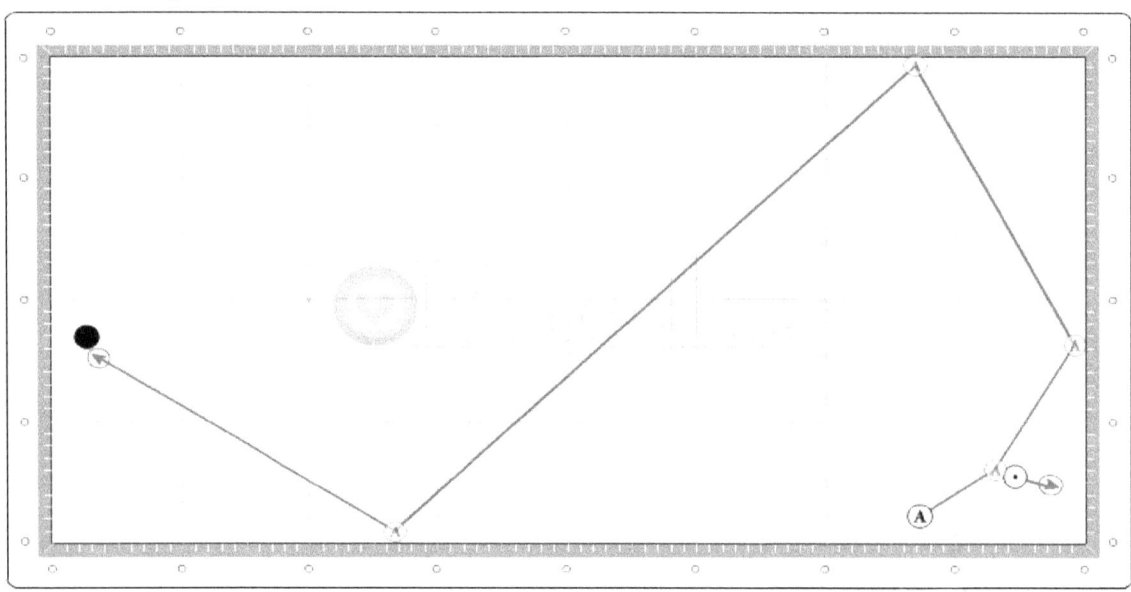

E:2b – Preparar

Notas e ideas:

Patrón de disparo

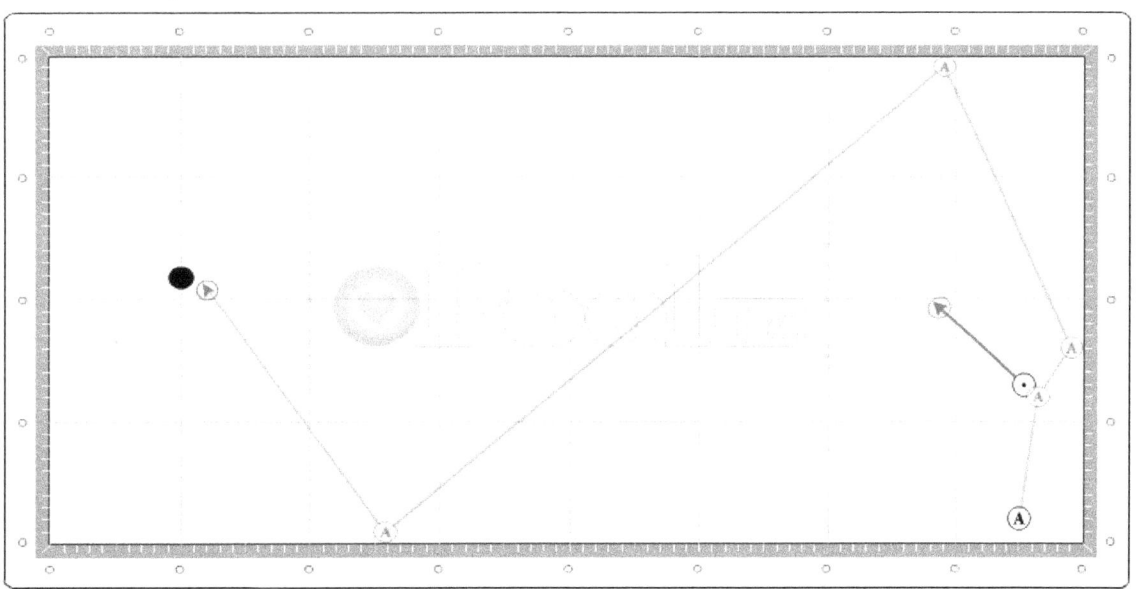

E:2c – Preparar

Notas e ideas:

Patrón de disparo

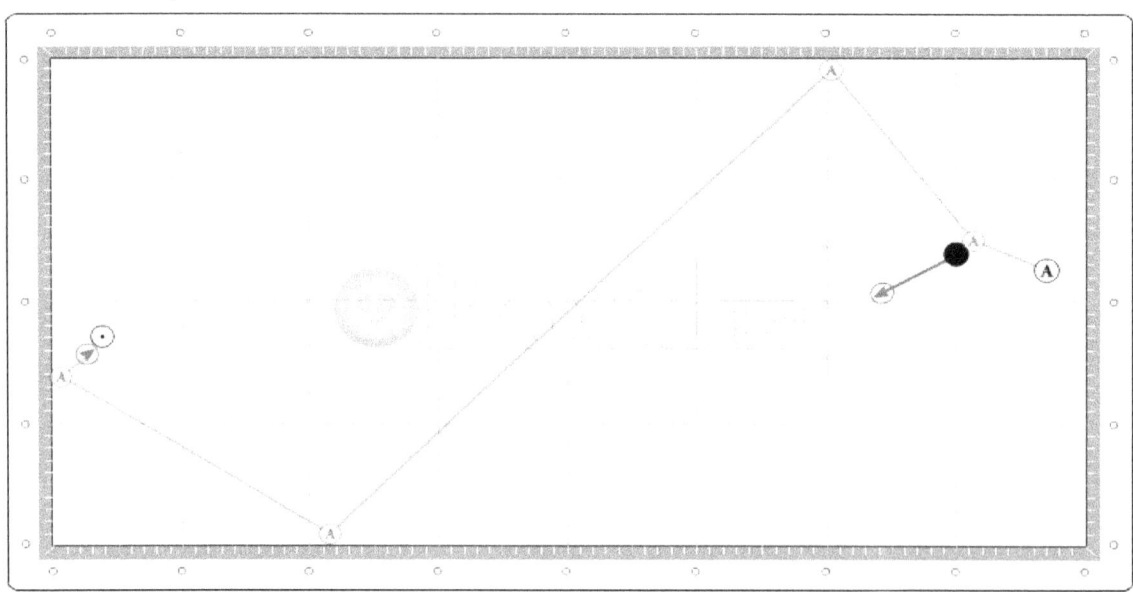

E:2d – Preparar

Notas e ideas:

Patrón de disparo

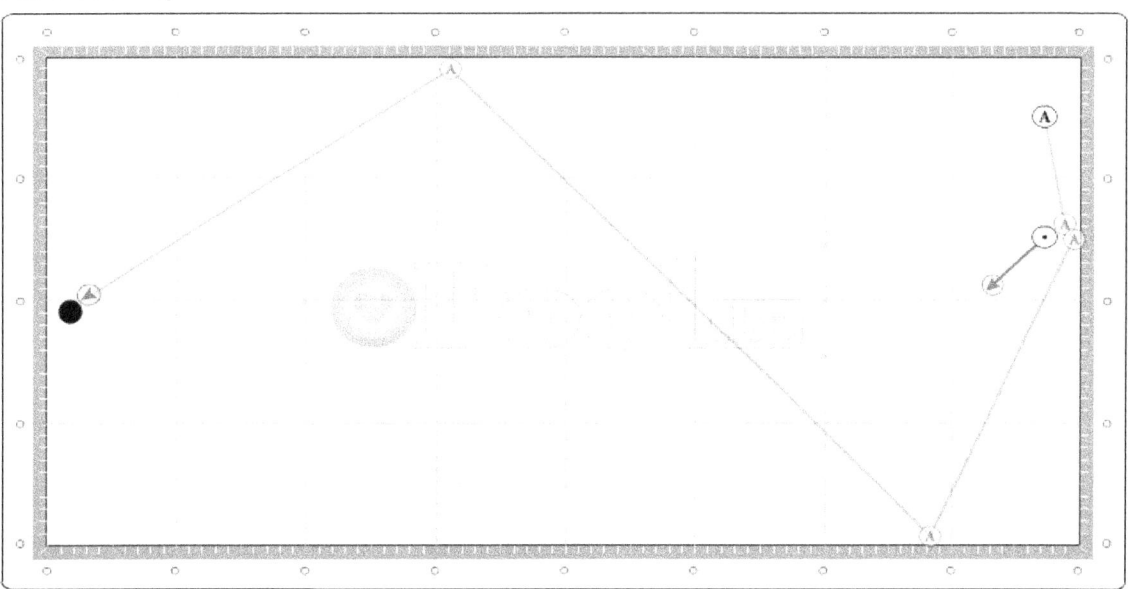

F: Mesa larga zig-zag

El patrón de zig-zag (CB) se mueve hacia arriba y hacia abajo en la tabla larga.

(A) (CB) (su bola de billar) - (•) (OB) (bola de billar oponente) - ● (OB) (bola de billar roja)

F: Grupo 1

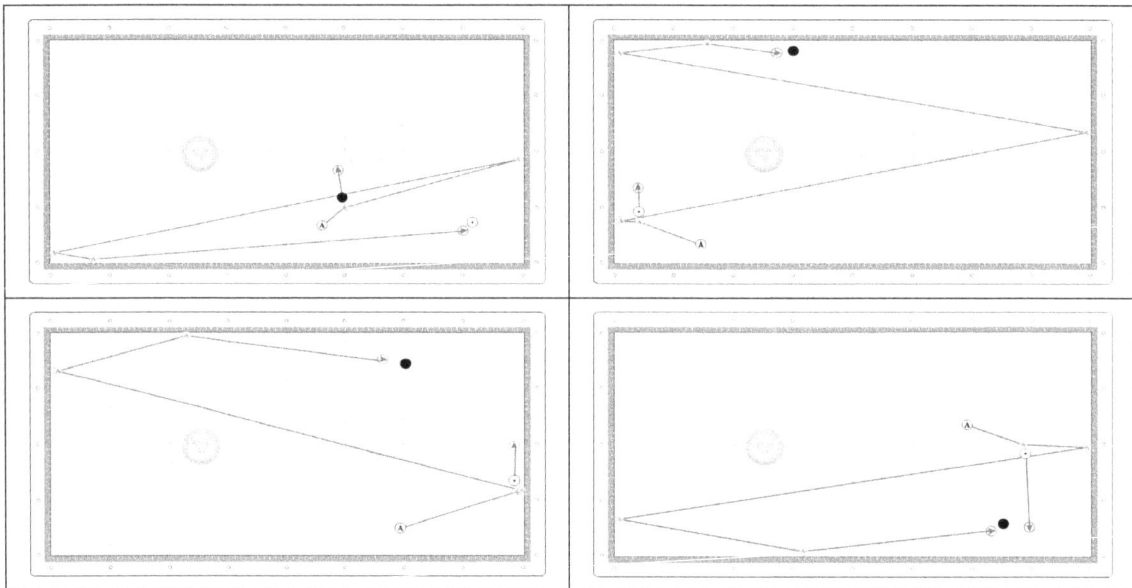

Análisis:

F:1a. _____

F:1b. _____

F:1c. _____

F:1d. _____

F:1a – Preparar

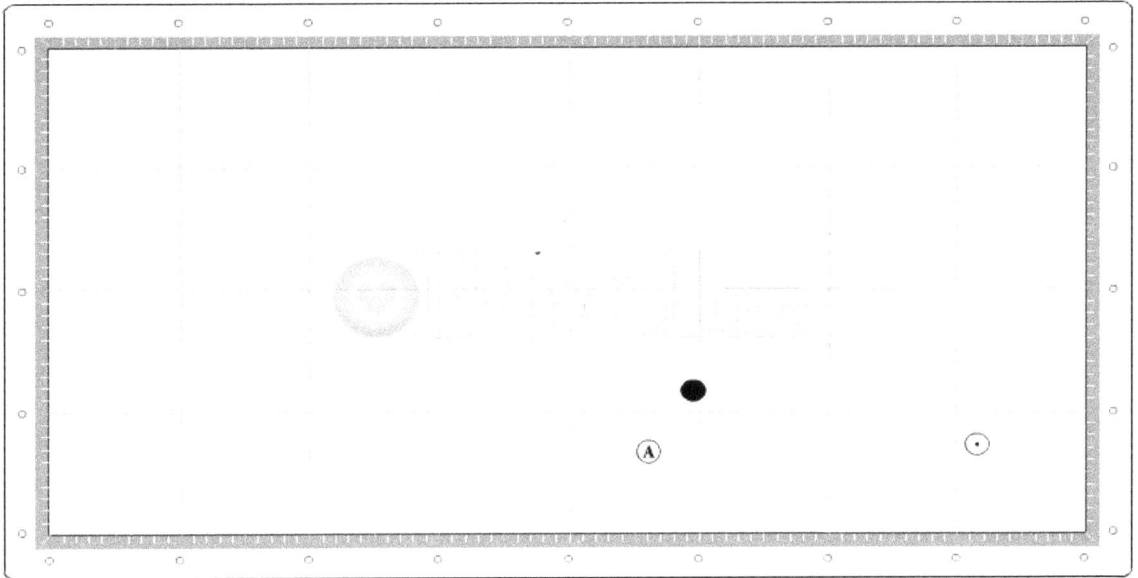

Notas e ideas:

Patrón de disparo

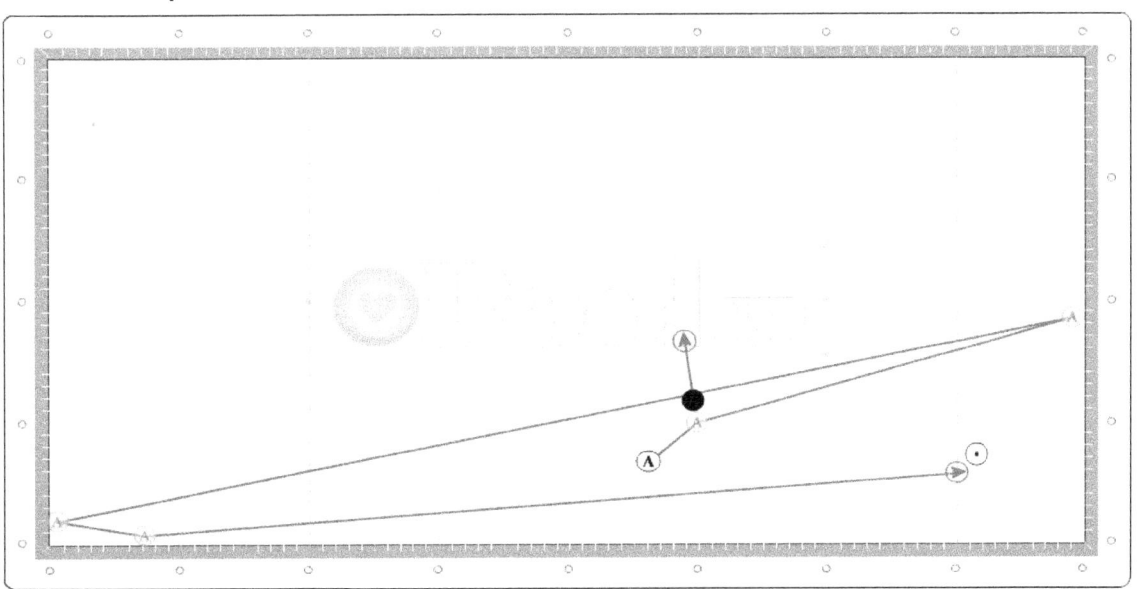

F:1b – Preparar

Notas e ideas:

Patrón de disparo

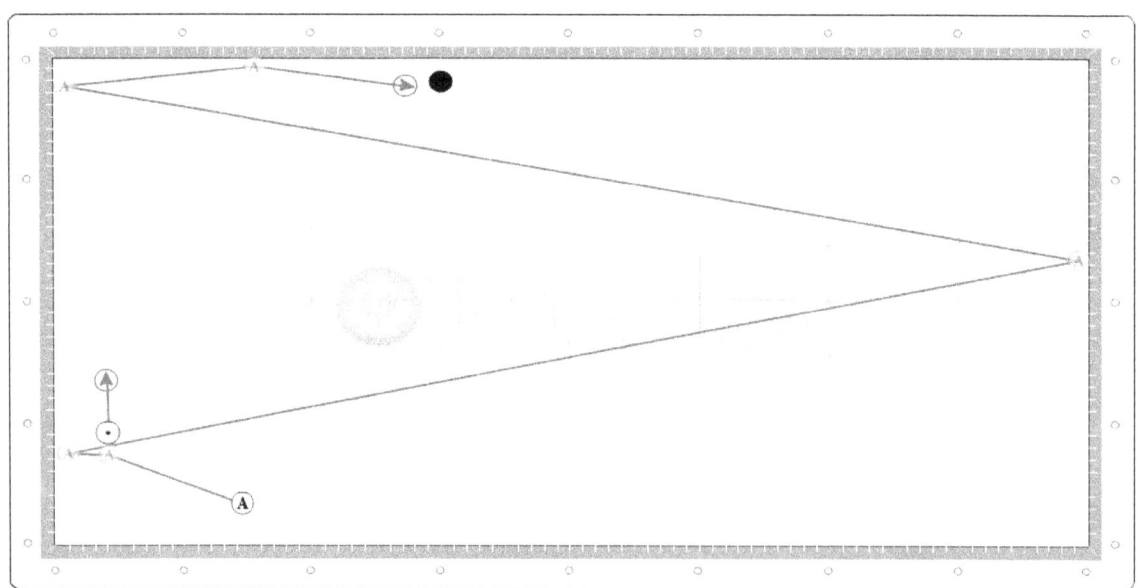

F:1c – Preparar

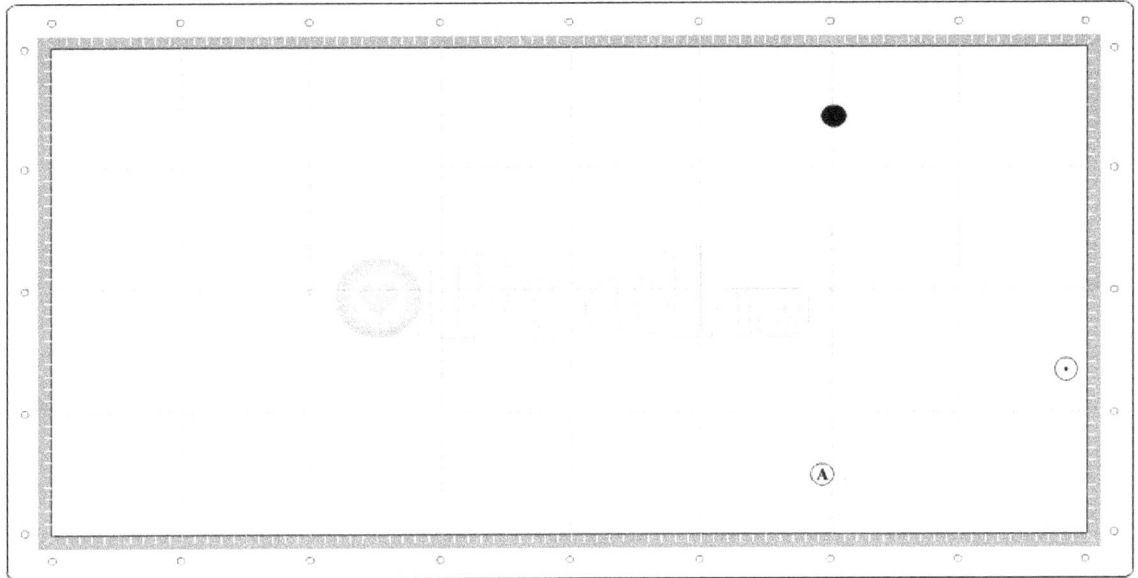

Notas e ideas:

Patrón de disparo

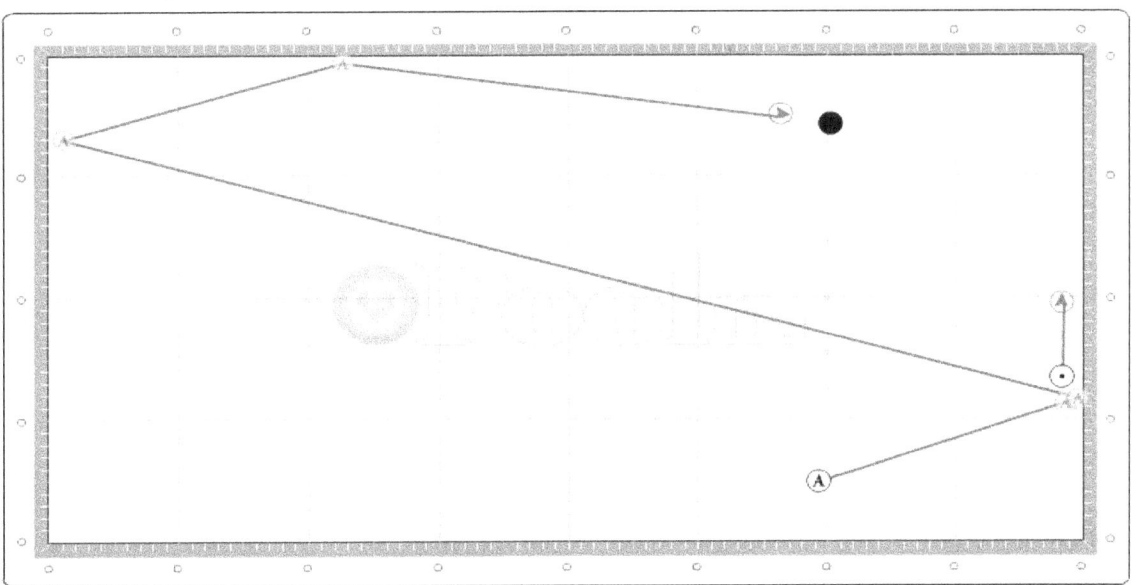

F:1d – Preparar

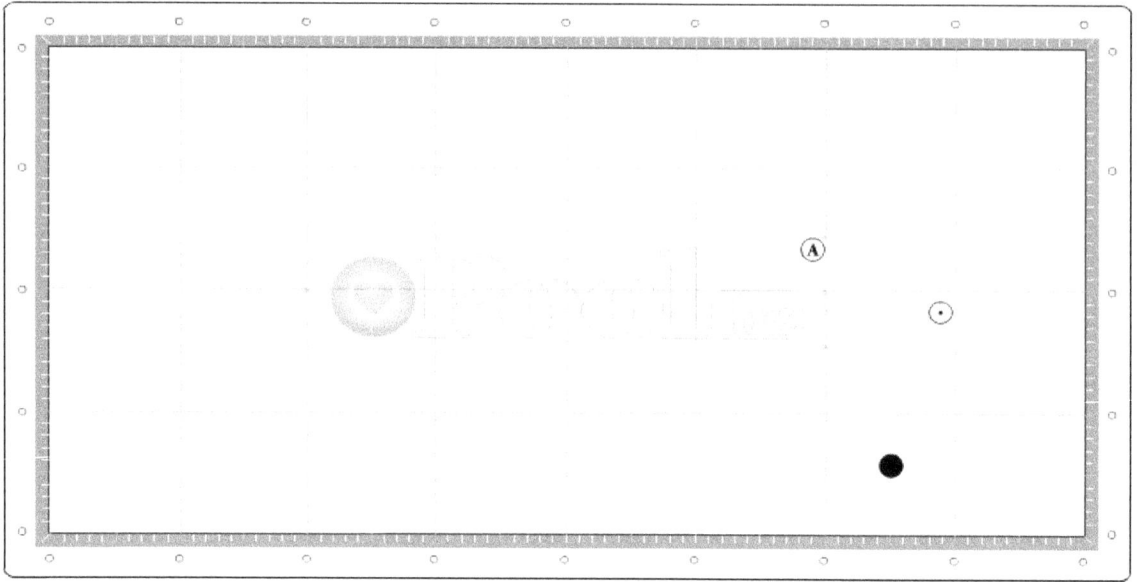

Notas e ideas:

Patrón de disparo

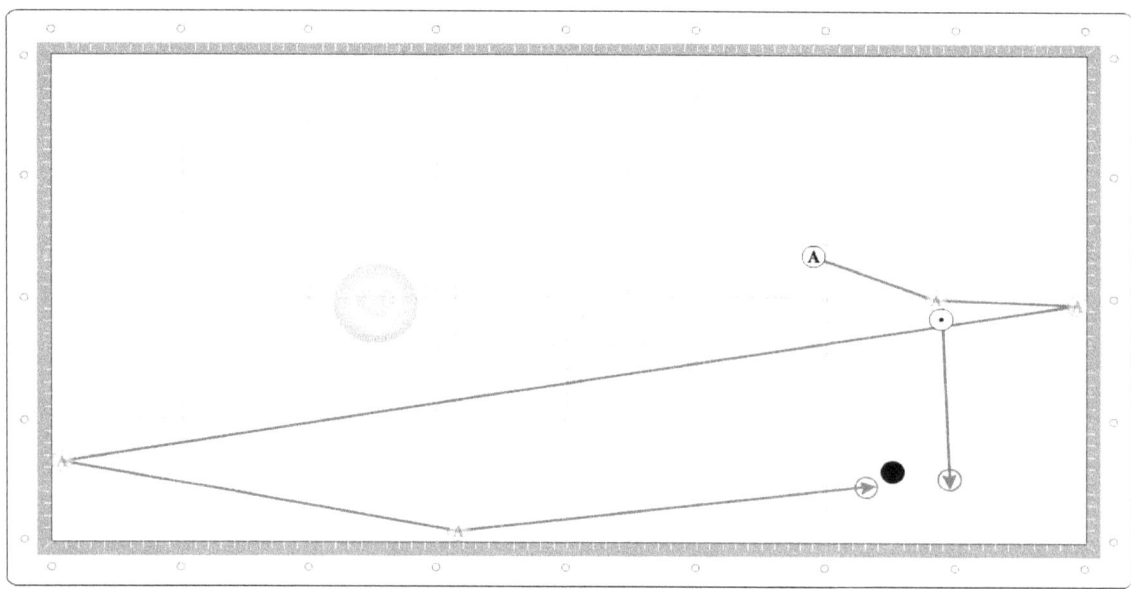

F: Grupo 2

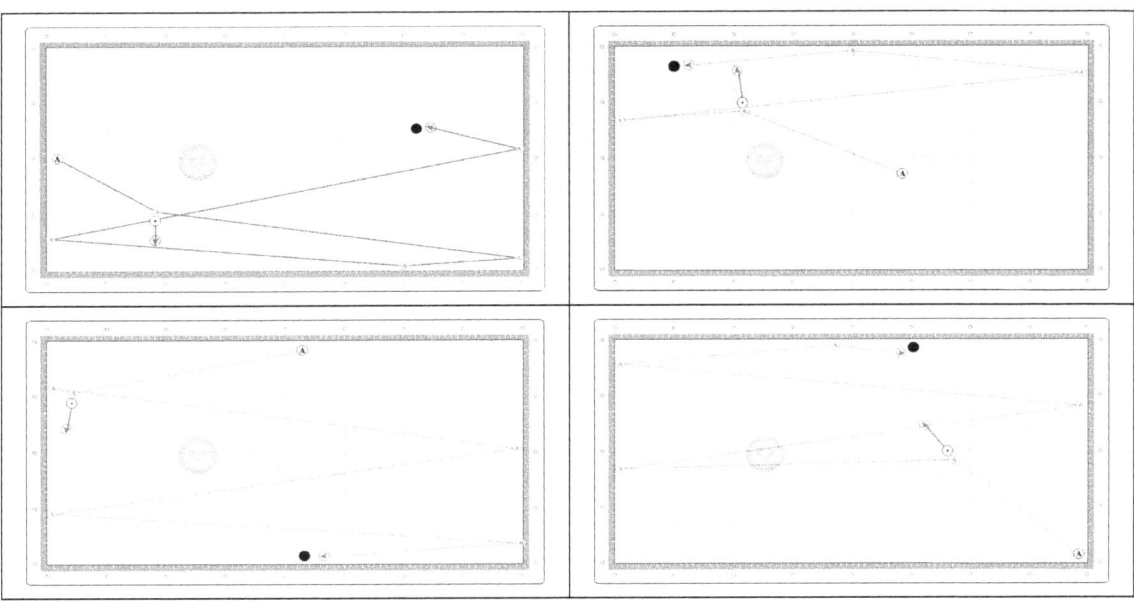

Análisis:

F:2a. _____

F:2b. _____

F:2c. _____

F:2d. _____

F:2a – Preparar

Notas e ideas:

Patrón de disparo

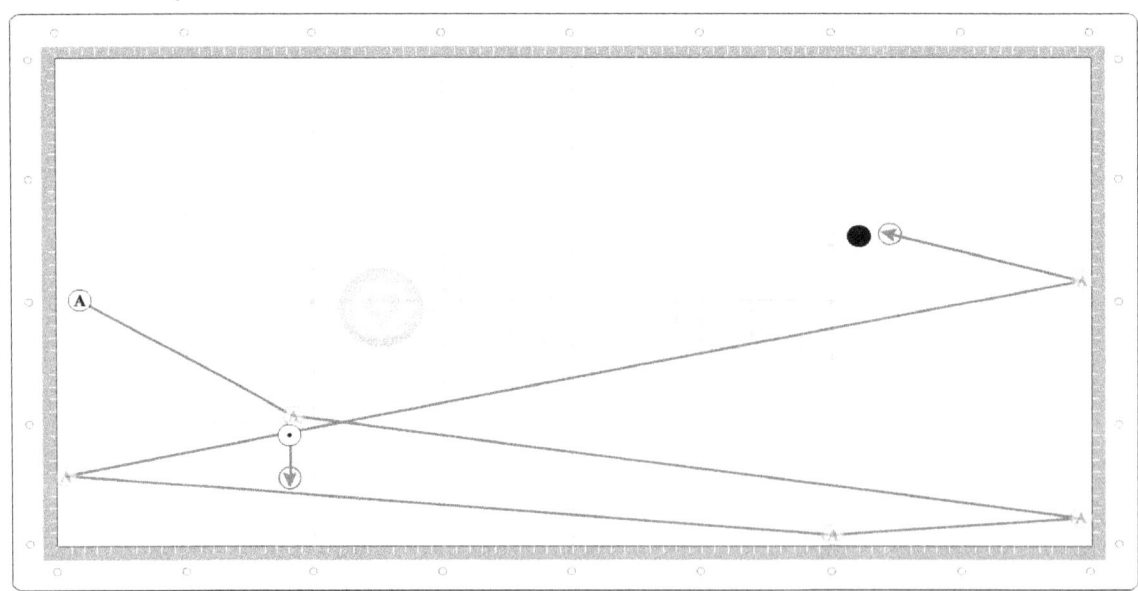

F:2b – Preparar

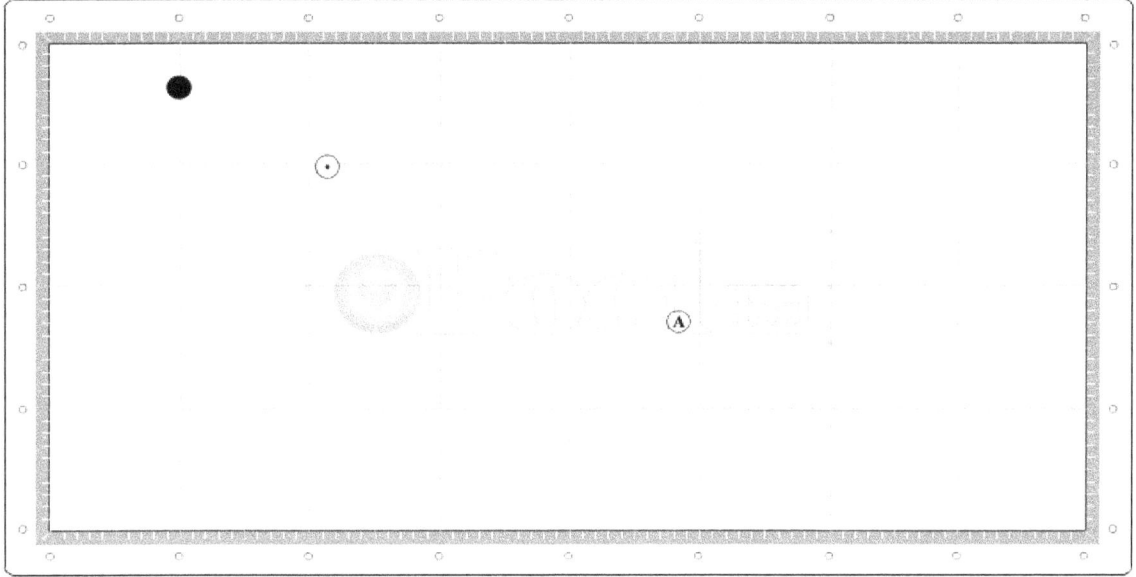

Notas e ideas:

Patrón de disparo

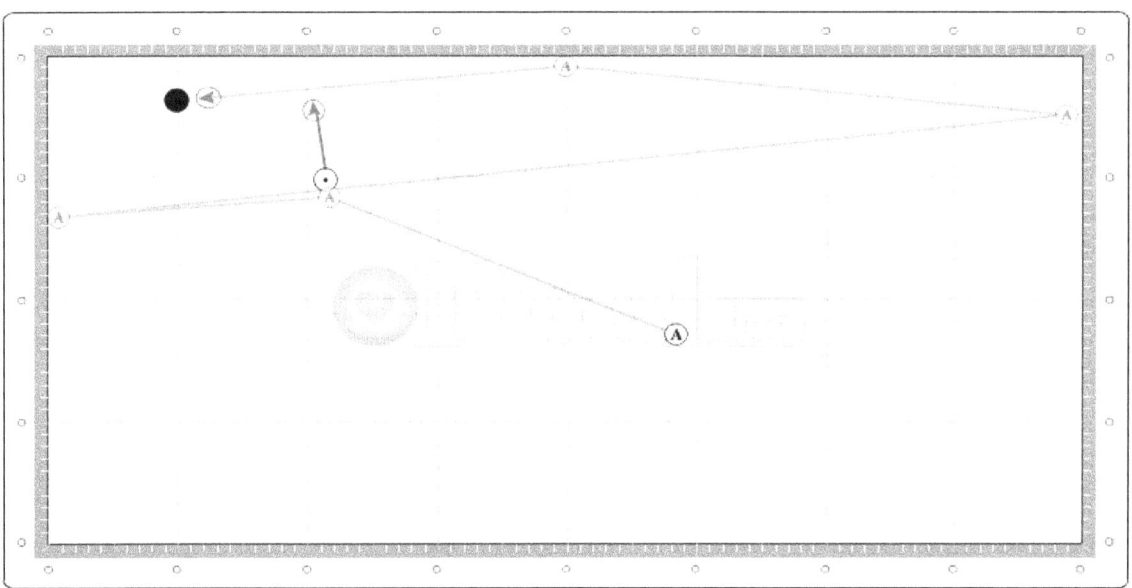

F:2c – Preparar

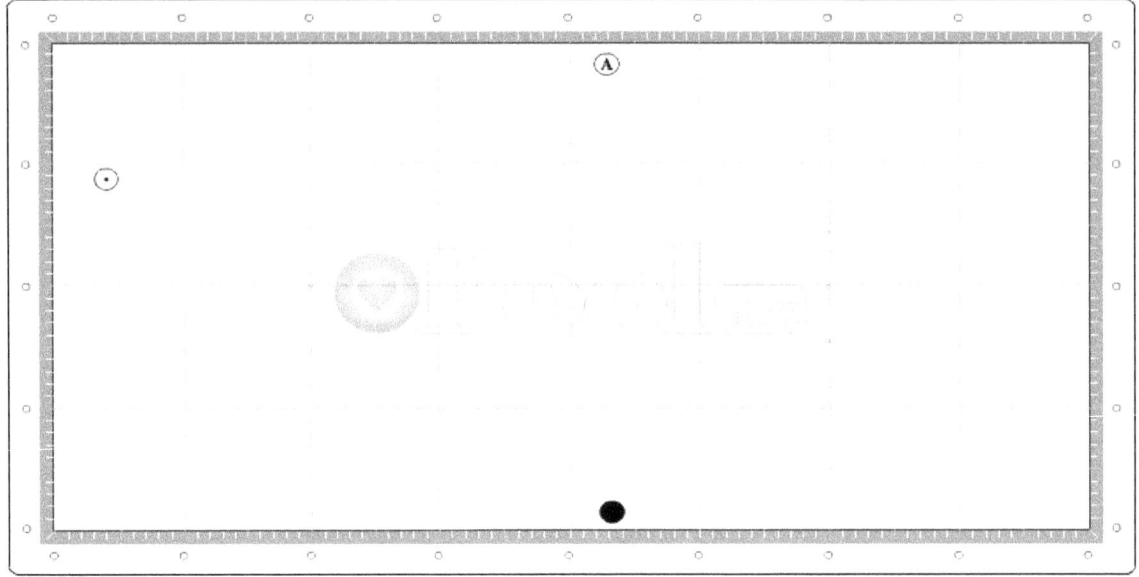

Notas e ideas:

Patrón de disparo

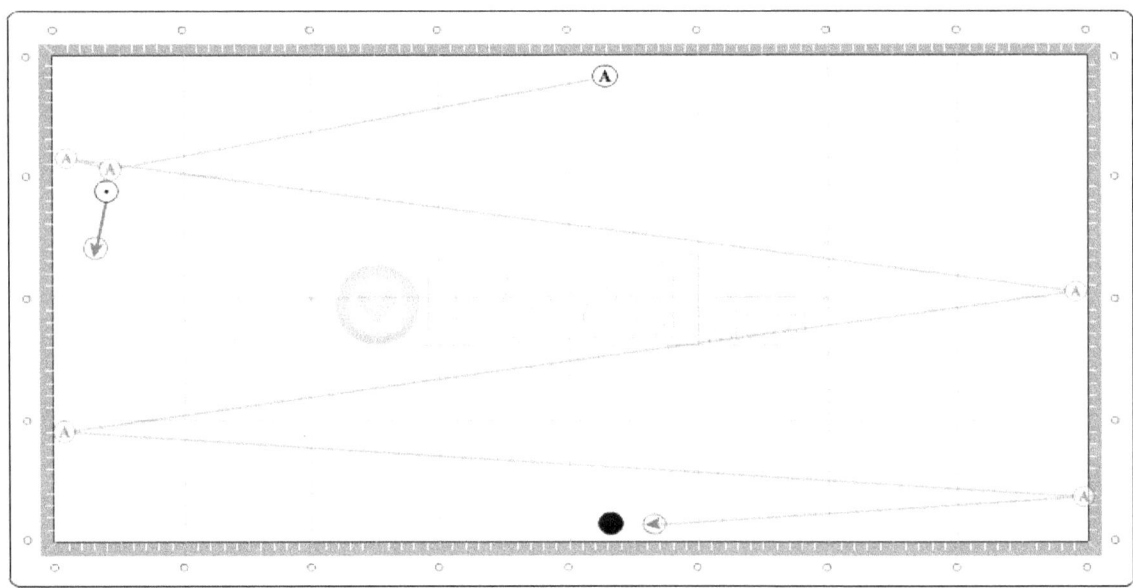

F:2d – Preparar

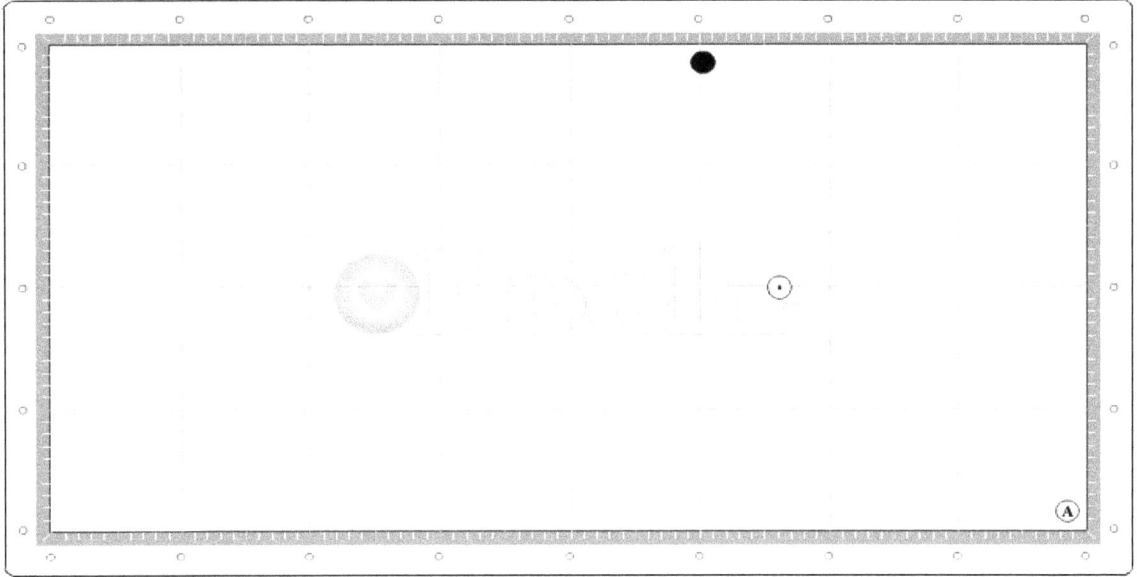

Notas e ideas:

Patrón de disparo

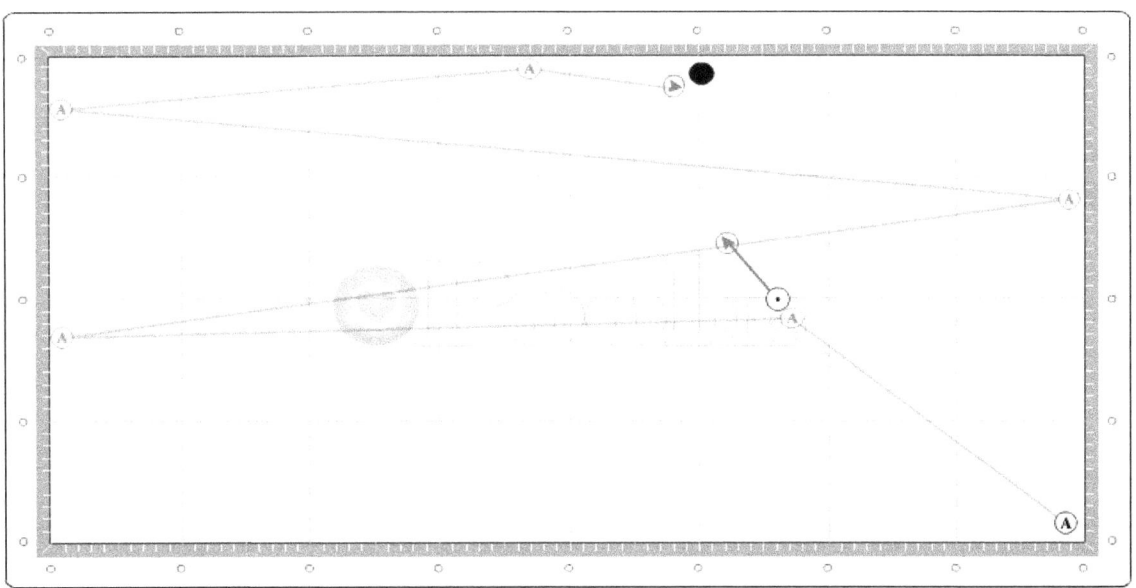

F: Grupo 3

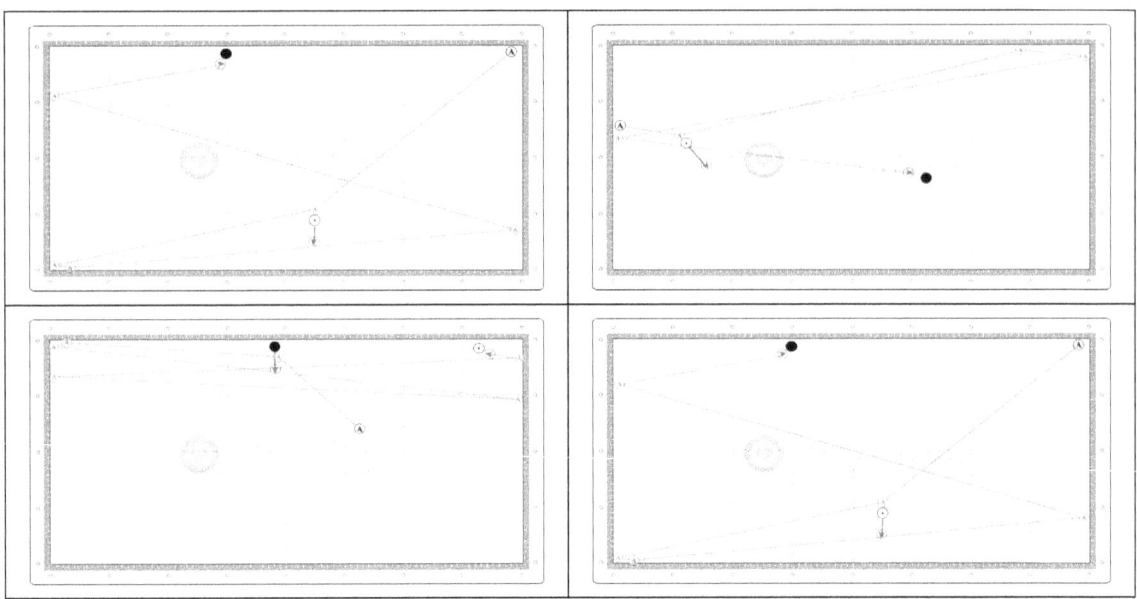

Análisis:

F:3a. _____

F:3b. _____

F:3c. _____

F:3d. _____

F:3a – Preparar

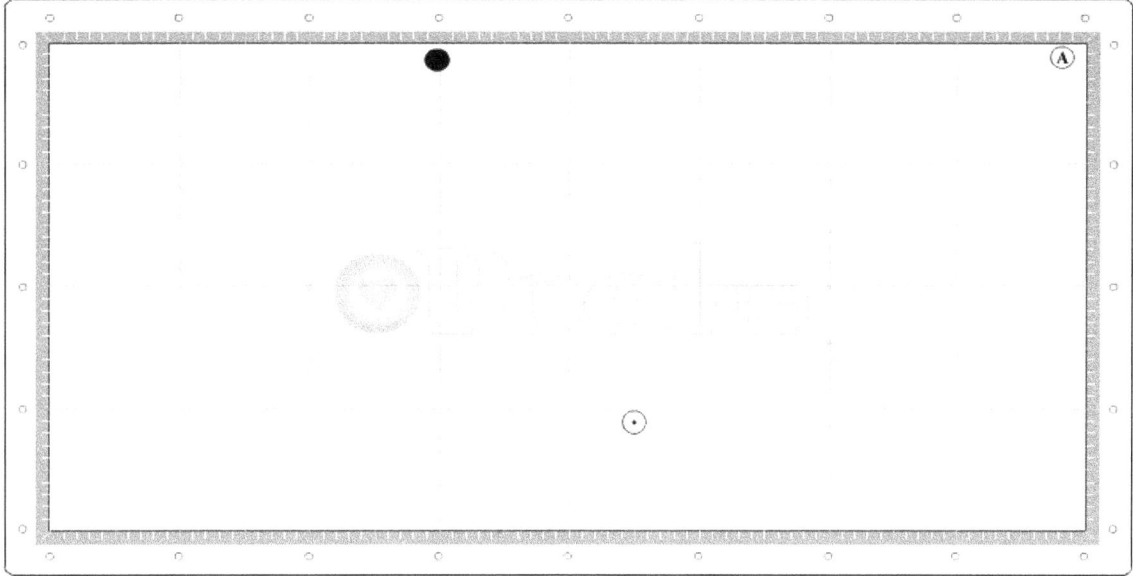

Notas e ideas:

Patrón de disparo

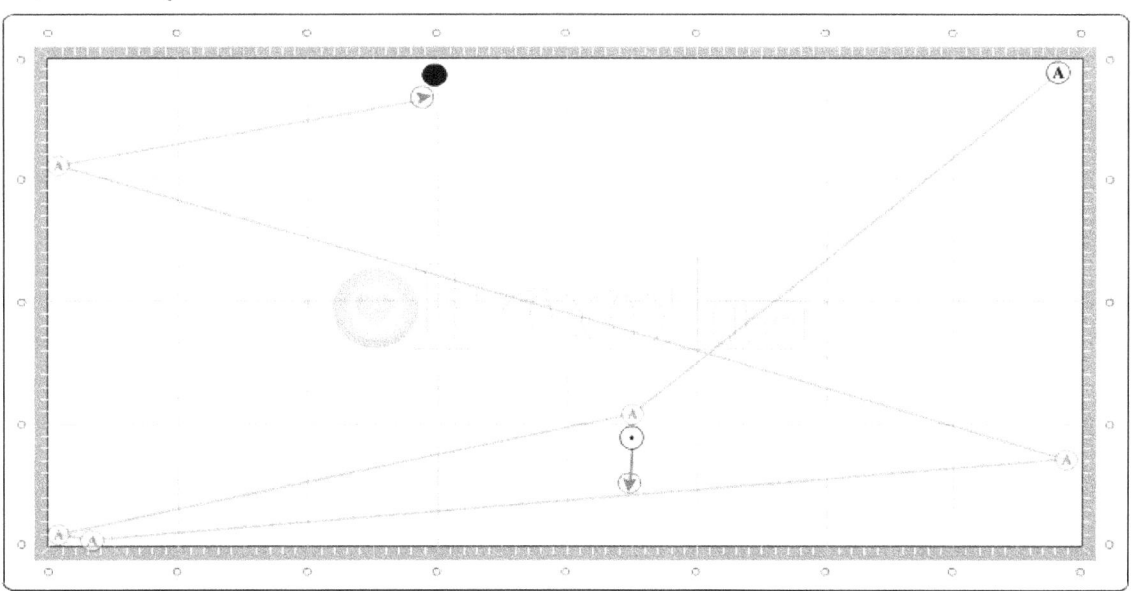

F:3b – Preparar

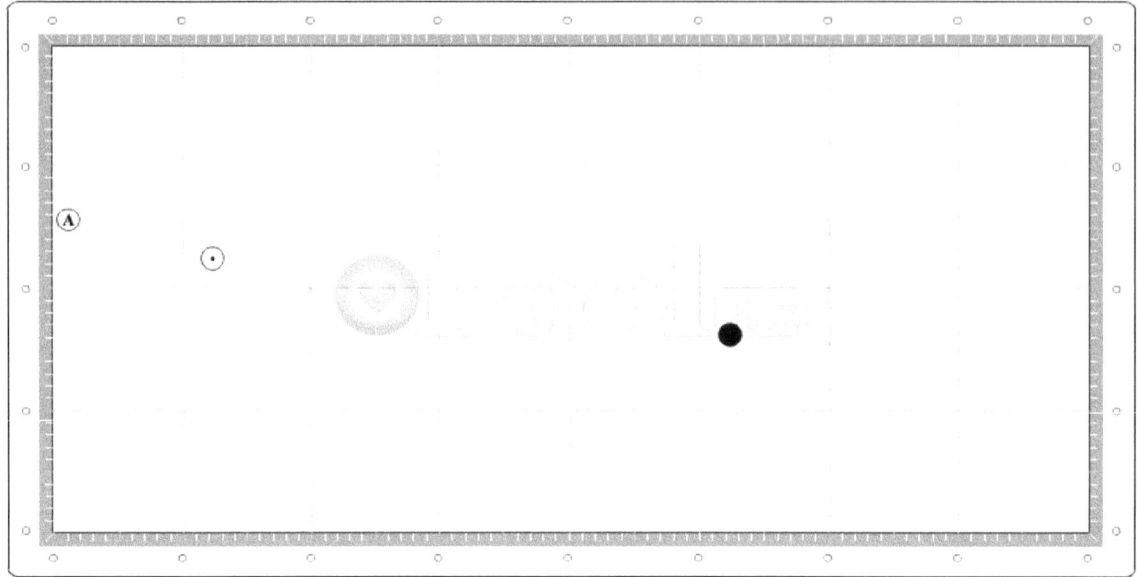

Notas e ideas:

Patrón de disparo

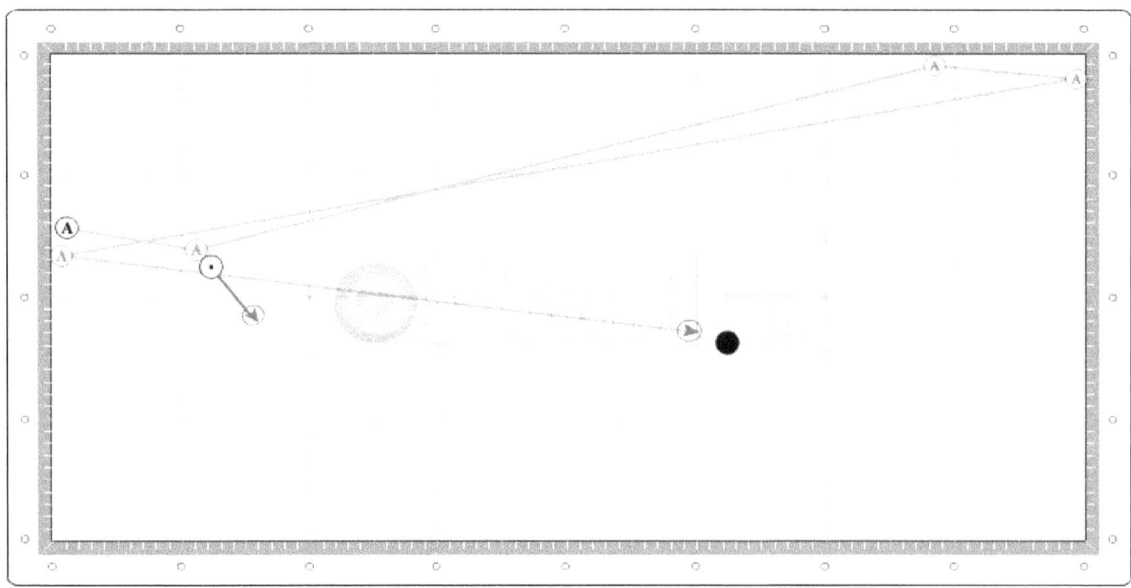

F:3c – Preparar

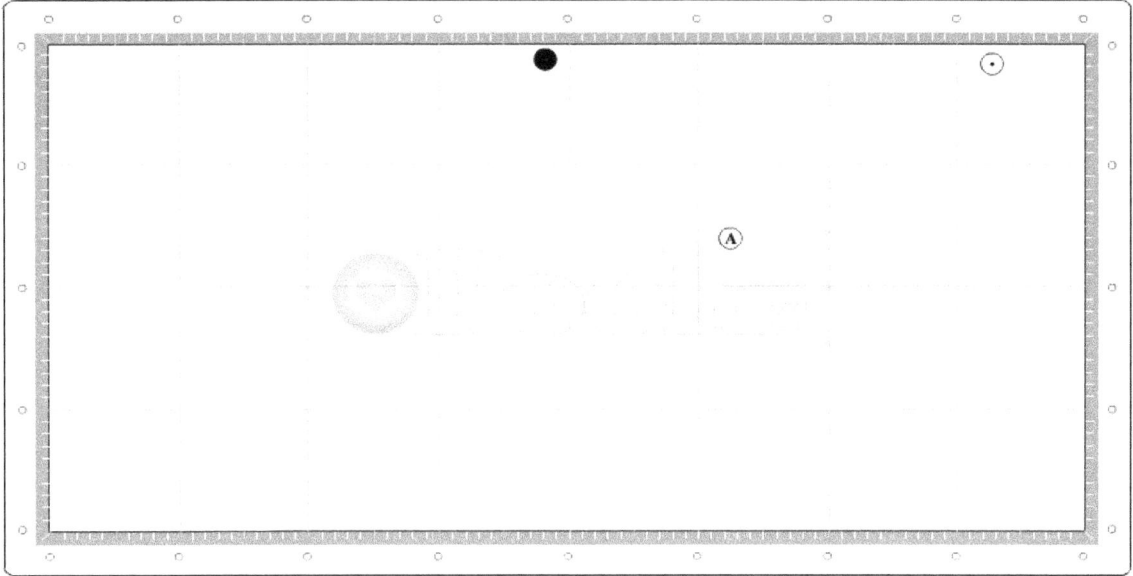

Notas e ideas:

Patrón de disparo

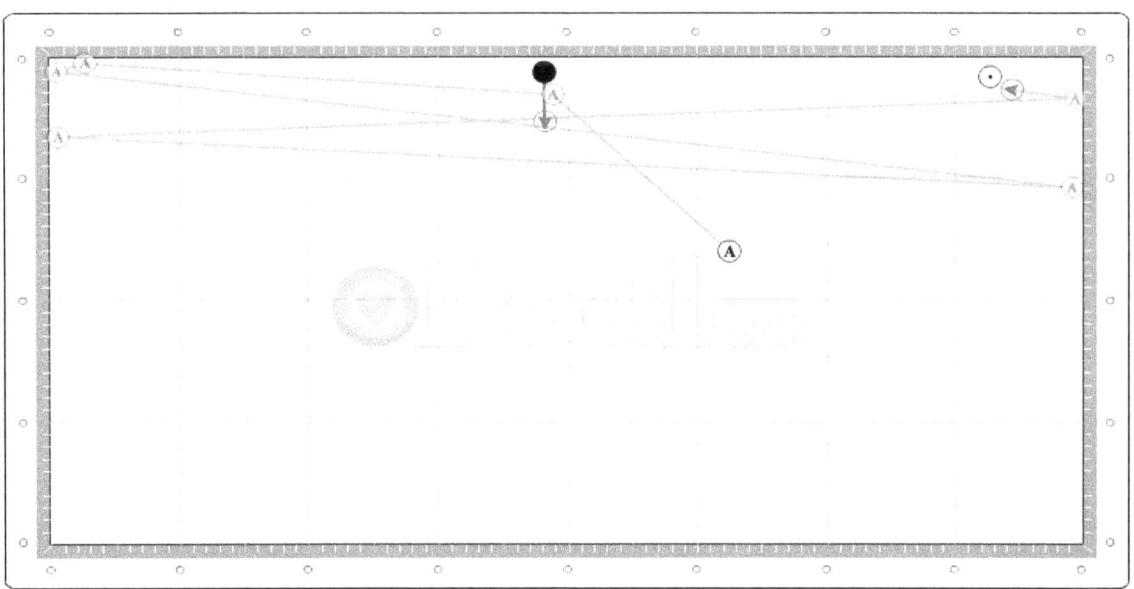

F:3d – Preparar

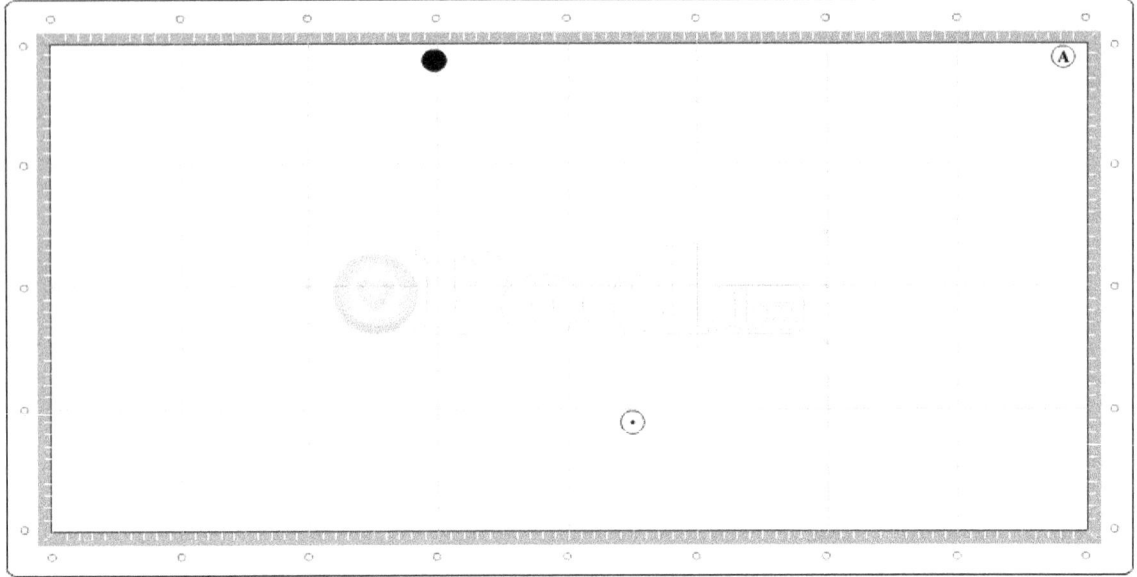

Notas e ideas:

Patrón de disparo

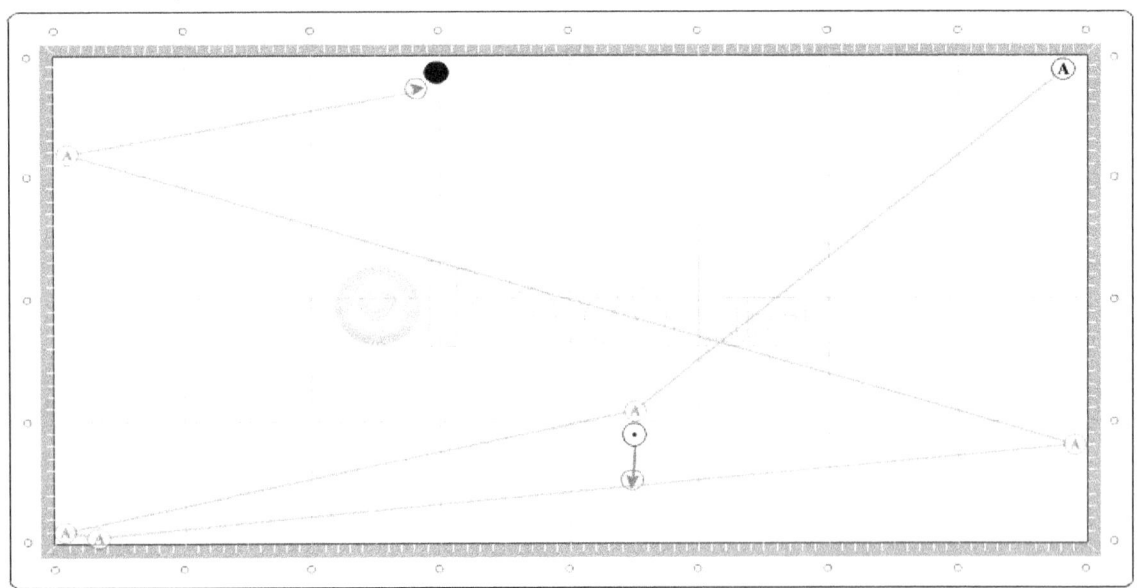

F: Grupo 4

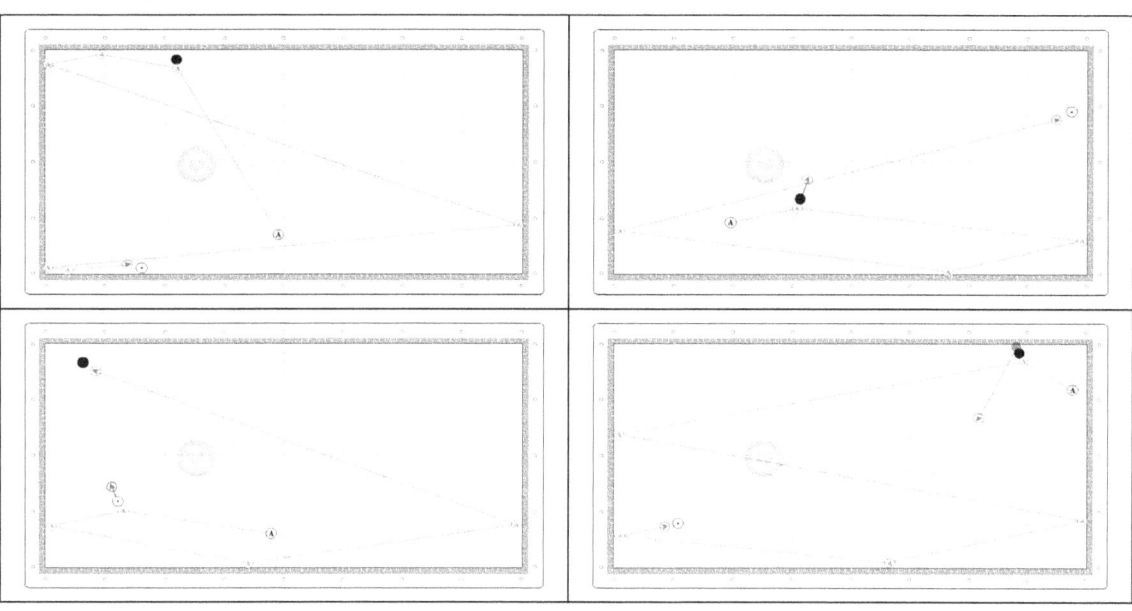

Análisis:

F:4a. _____

F:4b. _____

F:4c. _____

F:4d. _____

F:4a – Preparar

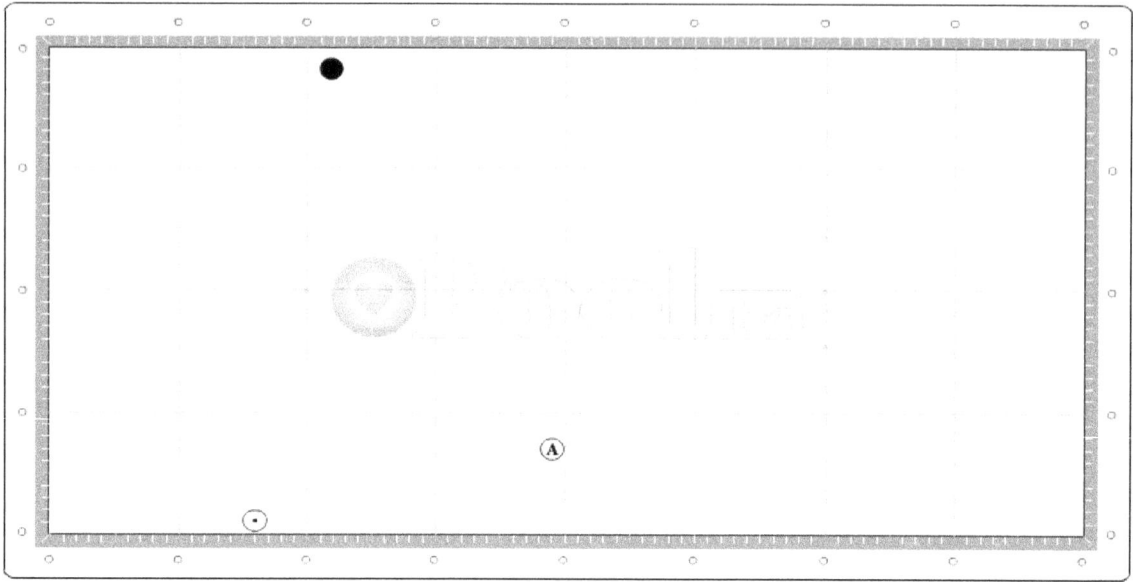

Notas e ideas:

Patrón de disparo

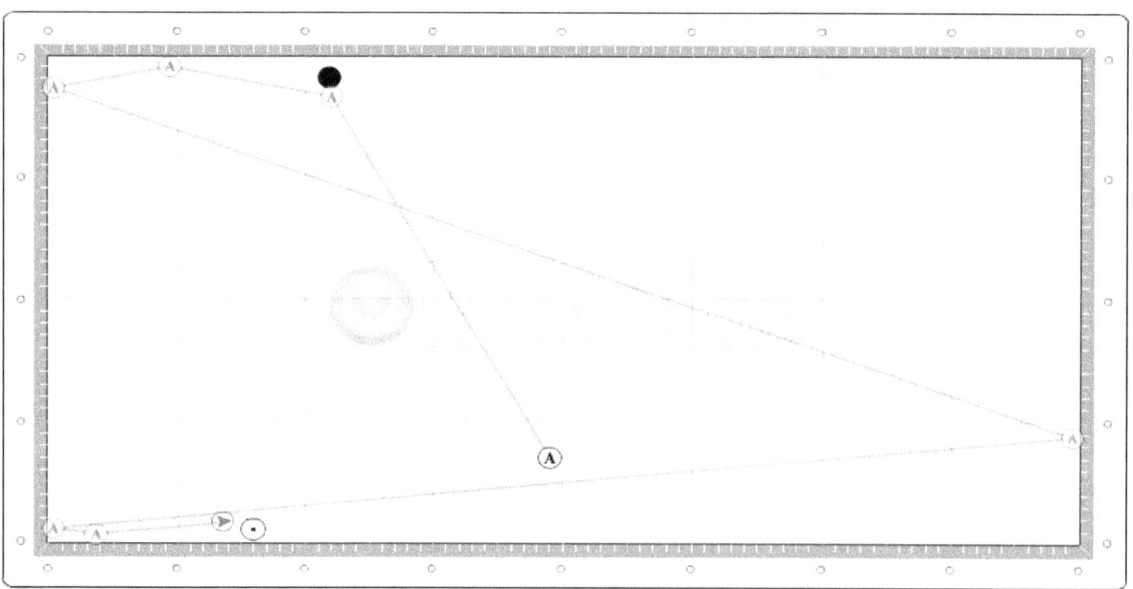

F:4b – Preparar

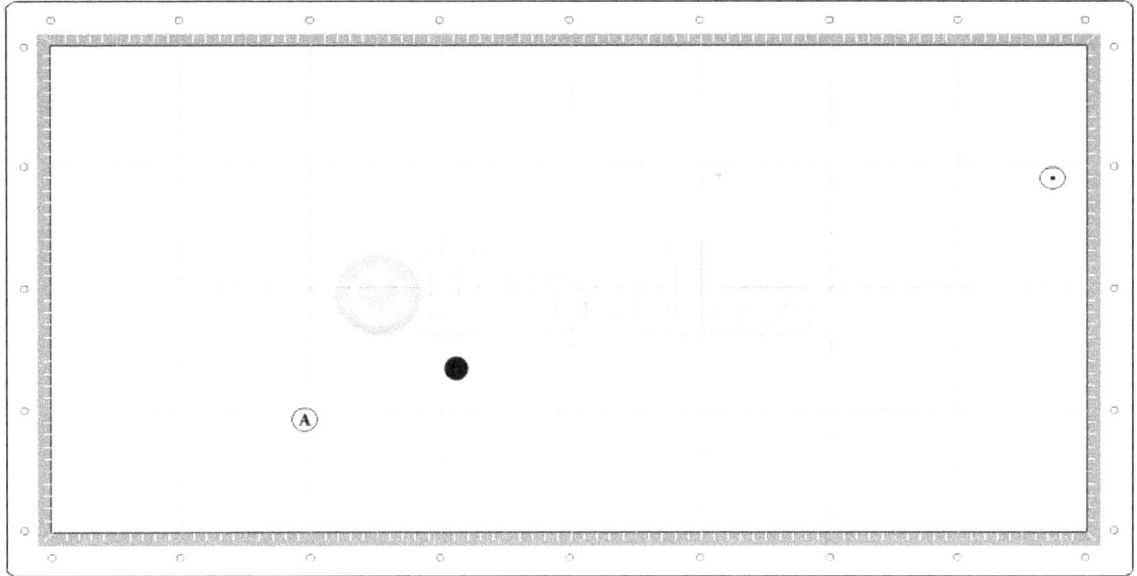

Notas e ideas:

Patrón de disparo

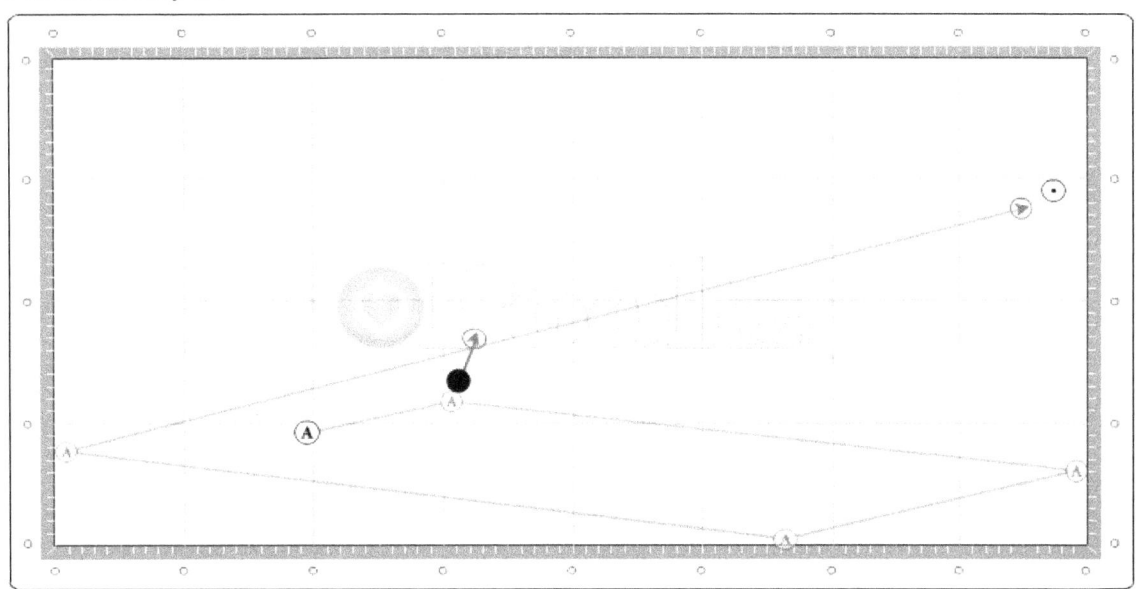

F:4c – Preparar

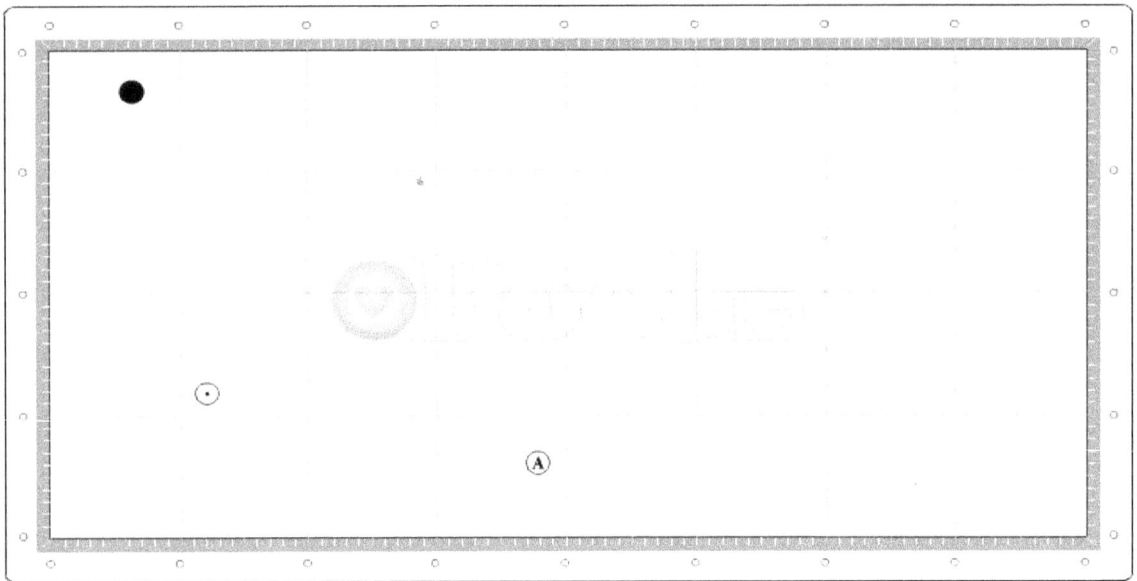

Notas e ideas:

Patrón de disparo

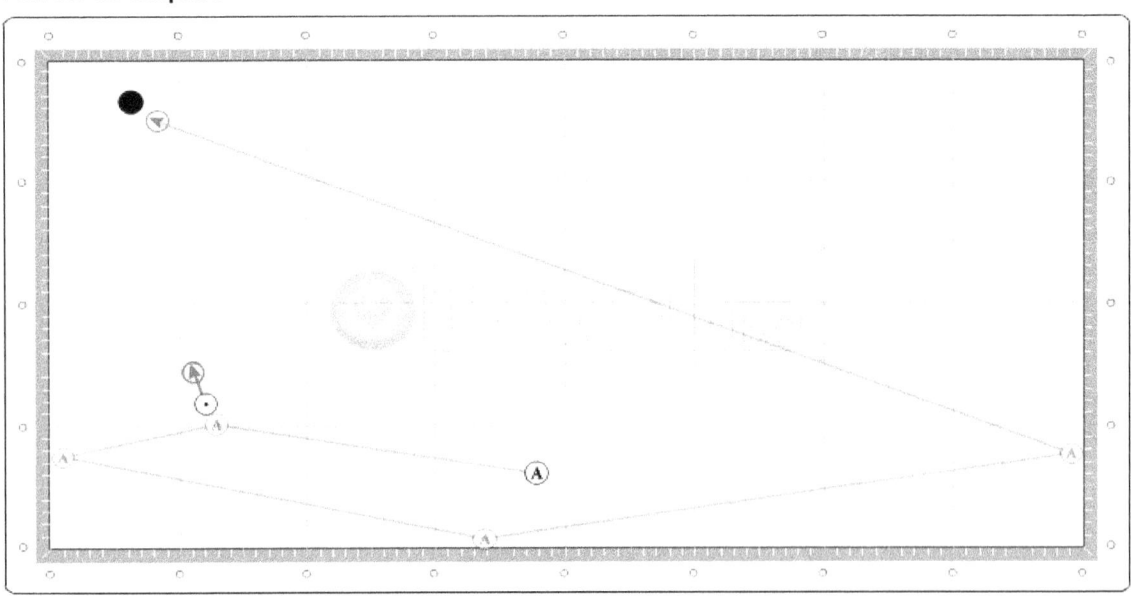

F:4d – Preparar

Notas e ideas:

Patrón de disparo

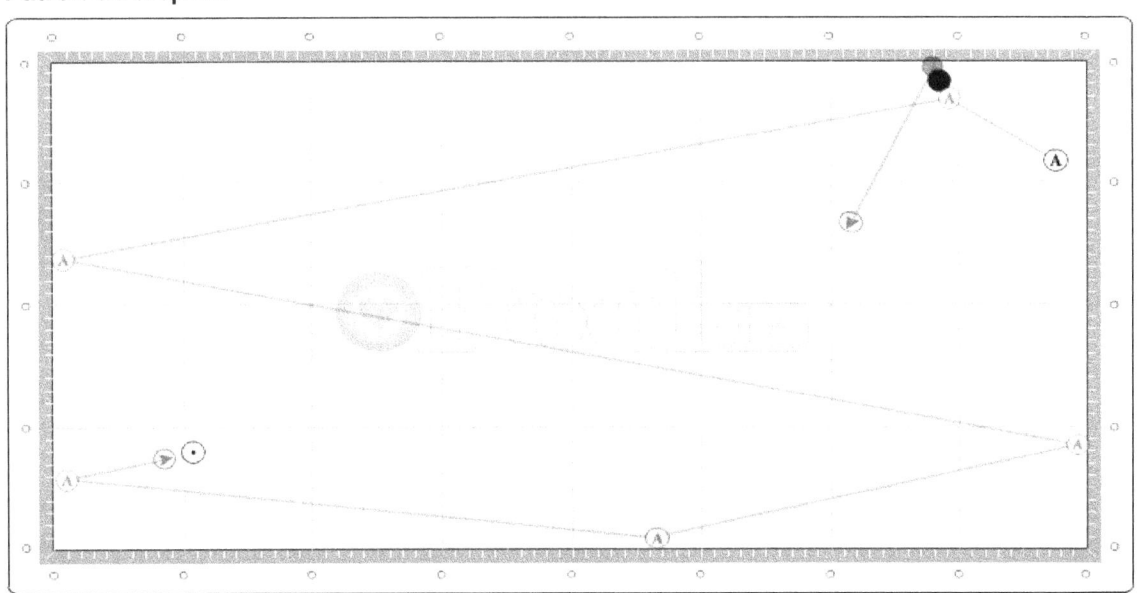

F: Grupo 5

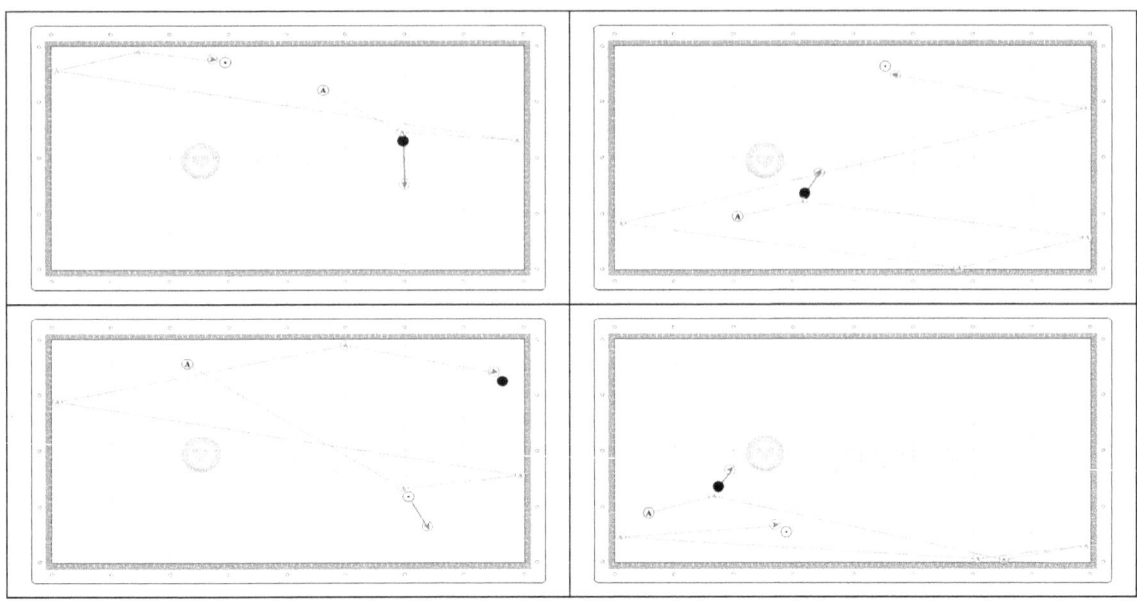

Análisis:

F:5a. _____

F:5b. _____

F:5c. _____

F:5d. _____

F:5a – Preparar

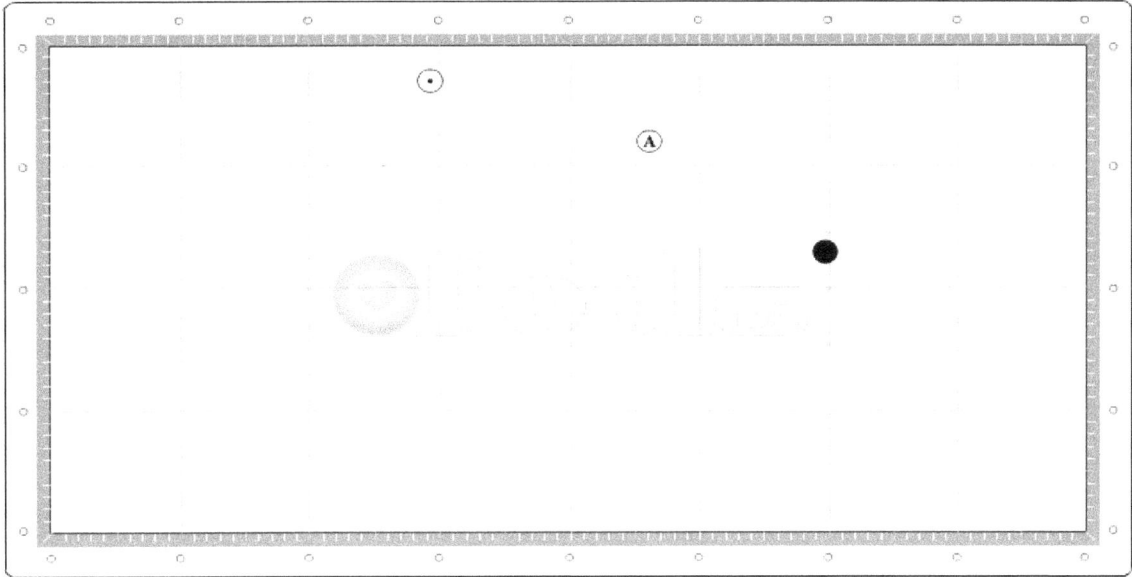

Notas e ideas:

Patrón de disparo

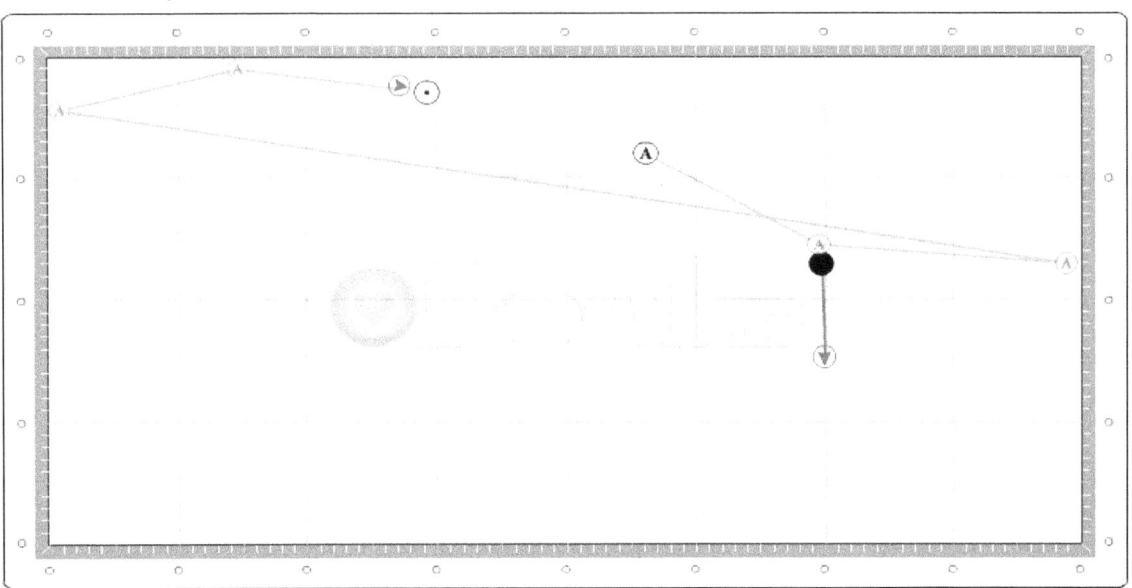

F:5b – Preparar

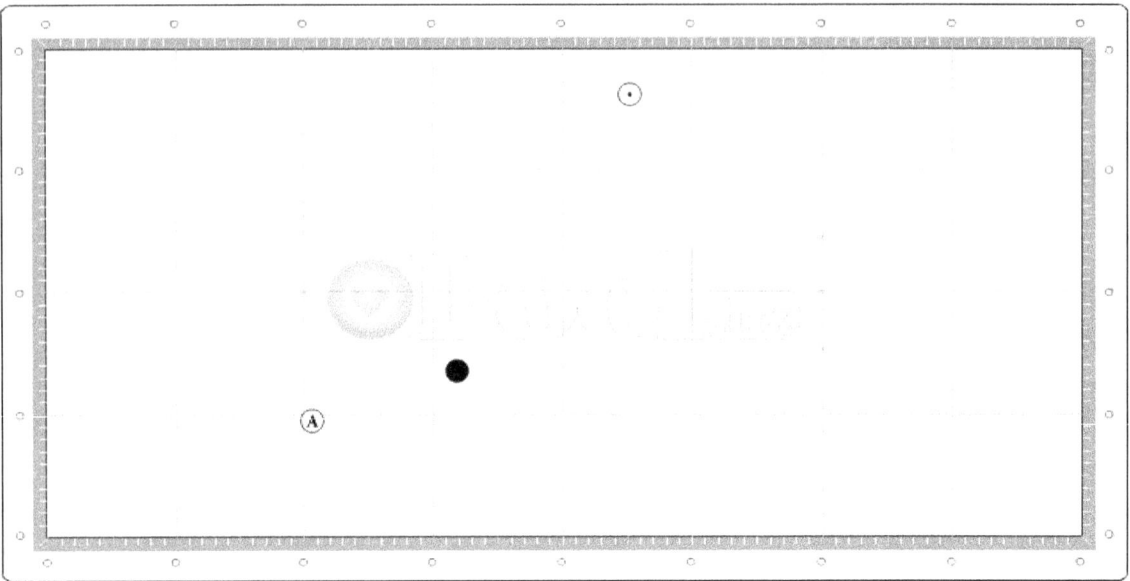

Notas e ideas:

Patrón de disparo

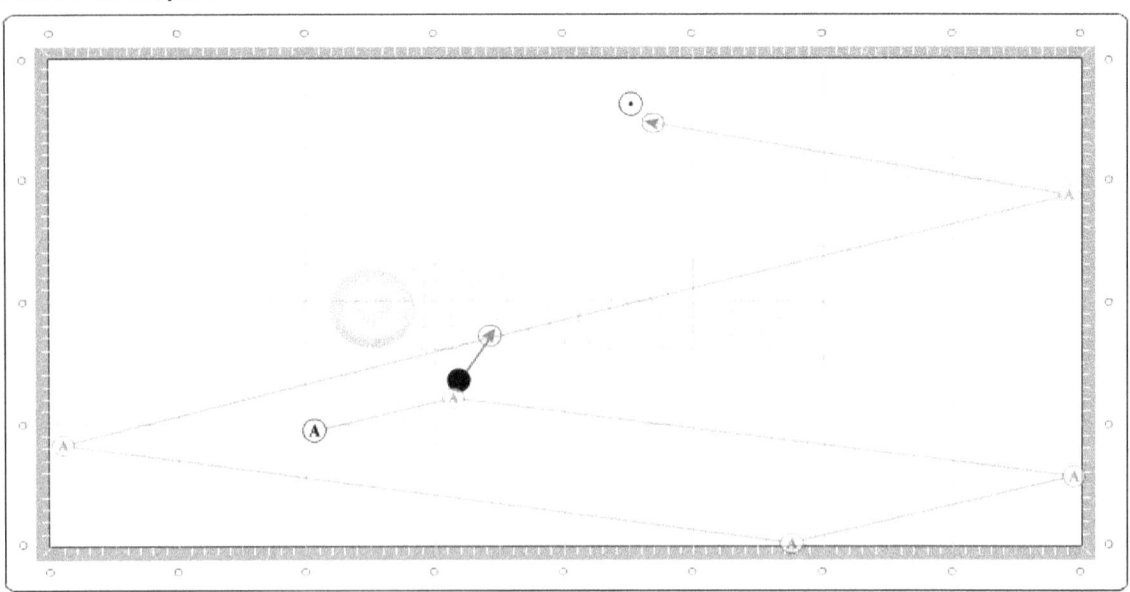

F:5c – Preparar

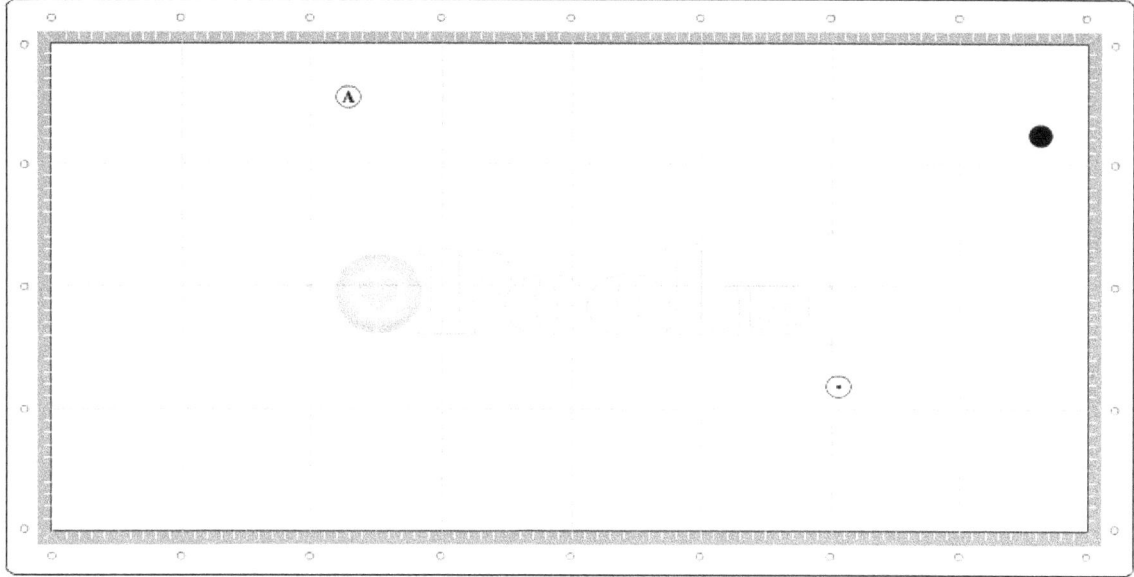

Notas e ideas:

Patrón de disparo

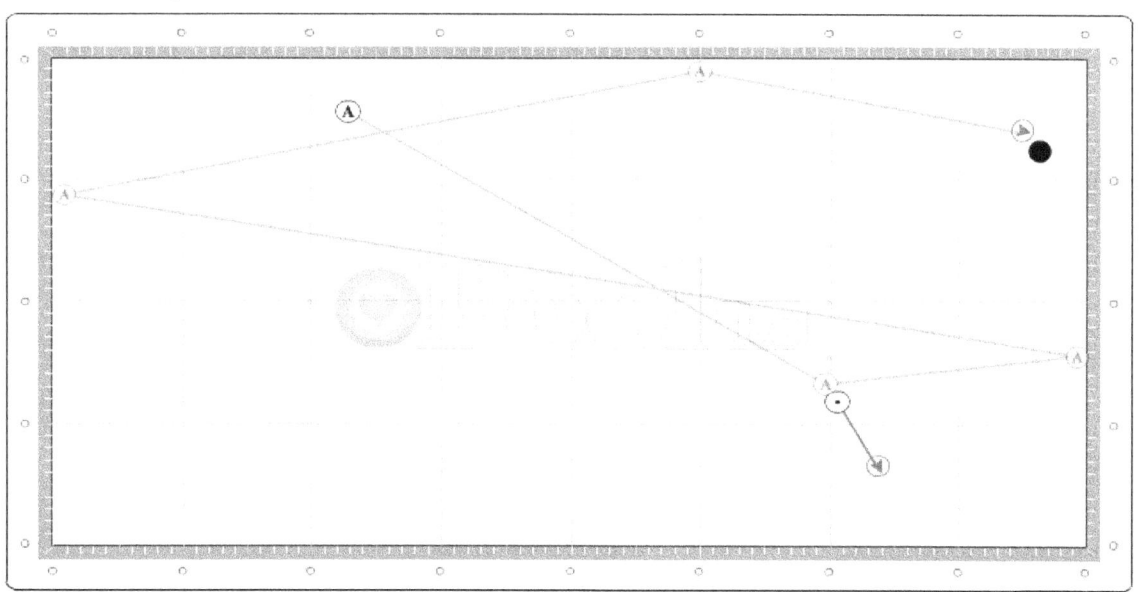

F:5d – Preparar

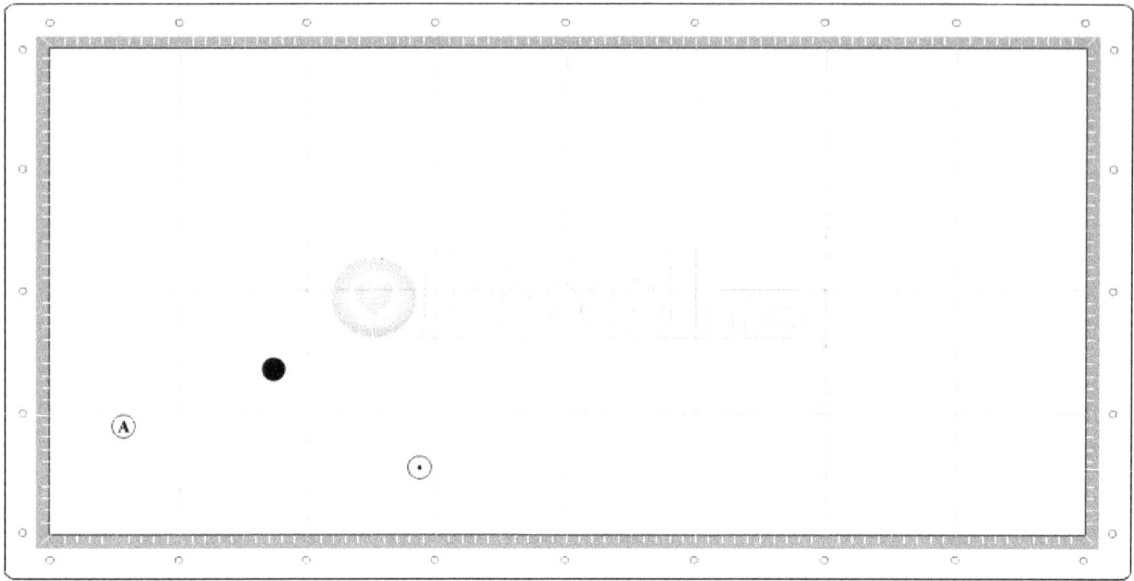

Notas e ideas:

Patrón de disparo

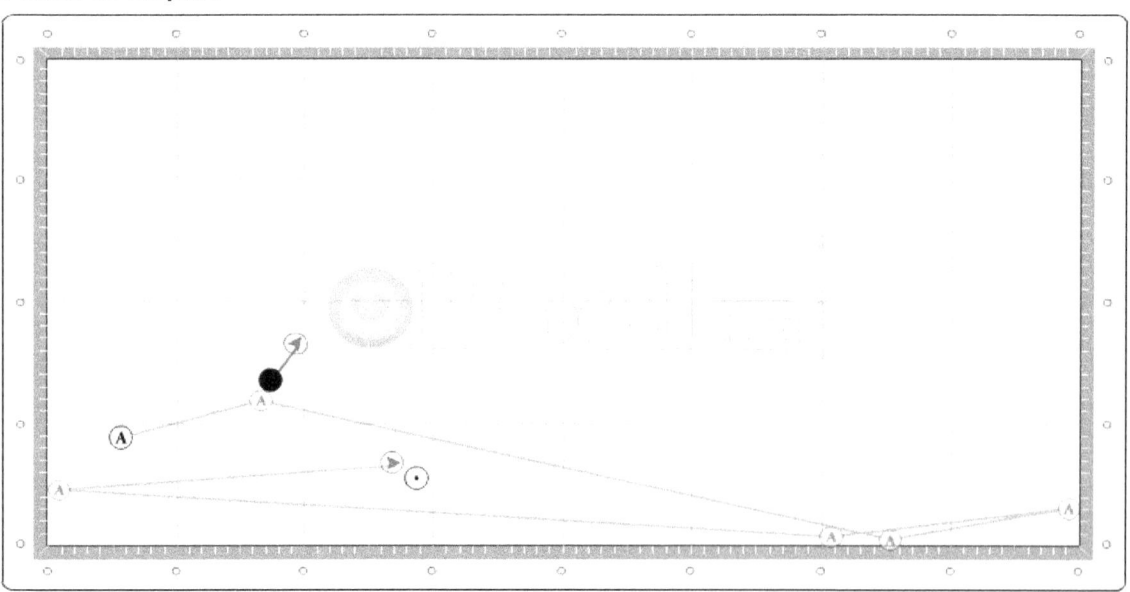

www.ingramcontent.com/pod-product-compliance
Lightning Source LLC
Chambersburg PA
CBHW081256170426
43198CB00017B/2806